AF580122

Authentique

Charlotte Taffin

Authentique

ISBN : 979-10-377-7199-5

Préambule

« Des milliards d'images, entourée de nombreuses personnes qui ont fait partie du train de ma vie, certains ne sont plus là, d'autres sont toujours présents, d'autres sont de retour, ou encore de nouveaux passagers viennent d'y monter… chacun a laissé ou laissera une trace à jamais… À 28 ans, me voilà plus forte, plus sensible, plus marquée, et toujours plus convaincue que la vie est bien faite. »

Publication internet du 29/05/21

J'étais loin d'imager que ces mots prendraient un autre sens aujourd'hui, à l'heure où je t'écris, et à l'heure à laquelle je décide de te faire partager une partie de ce voyage en rédigeant ce livre. Il est grand temps de faire le bilan, de poser les mots, de tirer des leçons du passé, et de garder le positif de chaque passager. Chaque rencontre te nourrit, chaque rencontre existe pour une bonne raison, chaque rencontre te change, et te fait devenir ce que tu es aujourd'hui. J'ai envie de donner de l'espoir à toutes les personnes qui ont vécu un voyage perturbé, pour les pousser à voir la vie du bon côté, pour les pousser à se battre pour aller chercher ce qu'ils veulent vraiment au fond d'eux, pour les pousser à être eux-mêmes, et surtout comprendre que le bonheur se crée, se rêve, se pense, s'imagine, s'en va puis revient, mais surtout se vit. Sans ce parcours, sans ces épreuves, sans ces expériences, je ne serai pas qui je suis aujourd'hui. Ce parcours, cette femme que je suis en train de devenir, je me le dois, mais surtout je le dois à chaque personne ayant fait partie du voyage. La vie a beaucoup moins de sens lorsqu'elle n'est pas partagée. À vous… À moi… À l'avenir… et à tous ces moments de vie partagés ensemble. Si tu décides de commencer ce livre, tu fais le bon choix. Découvre chacun de mes passagers, n'aie pas peur de lire mes maux, n'aie pas peur de lire la vérité, entre avec moi dans mon voyage, découvre chacun de mes passagers mais surtout quelle leçon j'en ai tirée, découvre que malgré tout cela il est possible de garder foi en la vie !

Passager n° 1
Rose
Maman

À mon héroïne

Elles étaient déjà deux avec maman, mes deux sœurs, Alice et Ambre, deux filles d'une première union avec Dany. Dany qui, malheureusement, de son air plutôt négligé et absent de la réalité, n'avait pas rendu heureuse maman, en même temps, il était déjà difficile pour elle de construire une vie heureuse… Dany, c'était plutôt le mec je me lave le lundi et le dimanche, le reste de la semaine, c'était en option et on ne parlait même pas de l'attention portée à ses filles, puisque maman avait accouché seule d'une petite brunette et d'une perche blonde.

Le cœur de maman était donc un cœur à prendre, mon père était alors passé par là, sans doute au bon moment, au bon endroit, eh bien oui… la vie est plutôt bien faite, alors pour la question de l'amour, c'était tombé sur maman. Un vrai coup de foudre pour son mètre quatre-vingts, son allure fière, son teint hâlé, son bagout, et surtout pour le regard qu'il portait sur elle. Un regard charmeur, perçant, tentateur, aimant. Elle avait donc décidé de tourner la page de son livre et de s'inscrire dans une vie avec papa, Alice et Ambre. Ça, c'était jusqu'à ce que j'arrive. Elle apprenait qu'elle était enceinte de moi, et surtout qu'elle allait vivre la naissance de leur enfant, l'enfant désiré, l'enfant d'une relation passionnelle. Bien qu'il fût déjà très difficile pour papa d'accepter ses deux premières filles, la vie semblait prendre un autre tournant positif pour elle. Elle est d'ailleurs tombée enceinte très tôt de moi, après son premier divorce et son remariage avec papa. Les jours, les mois, les semaines passaient, papa montrait déjà quelques signes de violence. Maman, quant à elle, était aimante et se battait pour entretenir l'harmonie, et pour prendre soin de moi dans ce bidon rond, mais aussi de mes sœurs. Il fallait les stocker et les protéger, ces quatre kilos de bébé. Neuf mois se sont écoulés, maman est en salle d'accouchement, cette fois, pour changer de ces expériences passées, papa était là. Nous sommes le neuf janvier mille neuf cent quatre-vingt-treize, il est neuf heures trente du matin lorsque je pousse mon premier cri. À ce moment-là, je ne savais pas encore que j'allais adorer chanter. Maman était heureuse, épanouie, cela n'a pas été simple de me faire sortir, mais nous y sommes arrivées toutes les deux. Comme tous les bébés et toutes les mamans, un lien particulier nous unissait déjà, mais nous étions loin d'imaginer qu'il y aurait une connexion si forte entre nos âmes. Une connexion qui, depuis le premier jour, nous a rendues plus fortes, mais qui m'a paradoxalement aussi handicapée dans ma construction.

Maman, c'était une belle femme, ça l'est toujours d'ailleurs, puisque j'ai la chance qu'elle soit encore dans le wagon numéro un. Elle mesure un mètre soixante, elle a les cheveux châtains comme depuis toujours, un peu grisonnant maintenant, un corps qui a vécu et qui montre quelques rondeurs d'amour, les yeux verts avec une pointe de marron. Un regard qui en dit long sur sa gentillesse, son dévouement pour les autres, sa combativité, sa force, mais aussi sa vulnérabilité, sa sensibilité, et son manque d'estime pour elle.

Elle était couturière à l'usine à l'époque, des doigts de fée, du talent, de la créativité, en quelque sorte une âme d'artiste. Elle adorait la musique, la danse, et elle avait un rêve : celui de devenir un jour danseuse de salon professionnelle. Un rêve qu'elle a oublié avec le temps, parce qu'elle ne le savait pas encore mais la vie n'allait pas la ménager. Elle était maman de trois filles, et s'est construite dans son rôle avec le temps. Imaginez une petite fille parmi onze frères et sœurs, cheveux crépus avec un doudou arraché, la peau couverte de bleu des coups de sa propre mère, et des yeux remplis de larmes par le manque d'amour de son père qui buvait, être maman à son tour était loin d'être une tâche facile et innée.

Lorsque j'étais enfant, maman et moi étions très proches, cela ne m'empêchait pas d'avoir besoin de Coco. Coco, c'était mon doudou, il était jaune avec des petites fleurs colorées, le bout des pieds et bout des mains plutôt lisses et rose pastel. Je passais mon temps à mordiller toutes les extrémités de Coco, n'aie pas l'esprit mal placé, j'étais trop jeune pour penser à ce genre de chose. Ces désirs sont arrivés beaucoup plus tardivement. Bien que notre famille ait toujours été ouverte à ce type de sujet, on était plutôt la famille « sans tabous », beaucoup de communication, de partage, de transmission de valeurs, de sentiments. Je n'ai plus de souvenirs de moi étant bébé, ou plutôt j'ai sans doute préféré les ranger dans une boîte fermée à triple tour. La seule conviction que j'ai à ce jour est que j'étais une enfant désirée, qui a apporté gaieté et joie à la maison. Ma sœur Alice me disait souvent que j'étais une petite poupée au carré châtain clair qui souriait beaucoup.

La vie à la maison, toujours avec maman, c'était plutôt, dynamique, mais déjà à l'époque je ressentais que quelque chose ne tournait pas rond. Maman était souvent triste, le regard plutôt vide, et je me souviens de nombreux moments entre filles dans le lit de maman le soir. Encore davantage, lorsque mon frère Maxime est né 3 ans plus tard. Le petit dernier, le garçon qui porterait le nom de mon père et qui allait assurer la descendance. Maman nous aimait tous les quatre, enfin c'est ce que j'exprime avec quelques années de recul, car il vrai que c'était difficile pour elle de témoigner son amour pour nous.

Exprimé de cette manière, tu dois te dire que cette vie était plutôt « classique » mais cela c'était avant le divorce de mes parents. Maman est en réalité une femme trompée, qui subit des dettes, et oui derrière le teint hâlé de papa il y avait une passion pour le tiercé, le PMU, l'argent, l'alcool, le football avec le racing club de Lens, et je pense aussi sa passion pour les femmes. En réalité, l'image de maman en étant plus jeune, c'était plutôt une femme meurtrie, une femme régulièrement à l'hôpital pour soigner ses maladies sexuellement transmissibles, une femme qui pouvait traîner mon père par le pull, ivre, ne souhaitant pas rentrer à la maison, une femme qui était tiraillée entre son coup de foudre pour lui, et son coup de poignard quotidien. D'ailleurs, je me souviens d'une scène où maman hurlait sur papa, en courant avec un couteau en plein milieu du salon. Maxime et moi étions cachés sous la couette, par peur de ce qui était en train de se passer. Mon père, nous en parlerons plus tard, mais il n'a absolument pas rendu la tâche facile à maman, d'autant plus qu'il n'acceptait pas du tout Ambre et Alice. En tant que maman, je pense qu'il était insupportable de voir ses filles être rejetées par l'homme avec lequel elle s'était engagée. Je parlais de lien, je parlais de connexion des âmes, eh bien tous ces moments douloureux que maman a vécus, c'est comme s'ils étaient eux aussi à l'intérieur de moi, comme s'ils me concernaient, comme si je me sentais devoir porter une cape de super héros pour sauver maman de cette situation. Sauf qu'il m'était impossible de faire quoi que ce soit, sauf observer, éponger et tenter de digérer.

Papa est parti, la procédure était lancée. Voilà maman seule à la maison avec quatre enfants, et sans travail, car forcément il a fallu vivre un licenciement en complément. Les problèmes n'arrivent jamais seuls, la loi des séries, ça te parle ? Je ne sais toujours pas comment ce mètre soixante a survécu à tous ces faits de vie. Je voyais papa tous les quinze jours, le dimanche. Maman a pris sa vie en main, ses quatre gosses sous le bras, a cherché un travail qui lui permettait de vivre sa vie de maman célibataire et de s'assurer que nous avions à manger dans nos assiettes.

La voilà famille d'accueil, une assistante familiale agréée, ce qui lui permettait d'être présente quotidiennement à la maison et de gagner un SMIC par enfant pris en charge. Pour obtenir son agrément, il a quand même fallu à maman du temps, réaliser la réhabilitation de la maison, trouver une solution pour le rachat de la part du prêt de mon père, stabiliser les choses pour accueillir en bonne et due forme les enfants dans le besoin, et surtout tenter de se rééquilibrer elle-même. Le choix de ce métier n'était pas si anodin, elle choisit d'aider les autres à son tour, comme si elle était investie d'une mission, sauver les autres, en essayant en même temps de se sauver elle-même. Quelle valeur, quel combat, quelle richesse, malgré sa propre histoire, de vouloir aider les autres dans le besoin. Continuer de tendre la main, alors que l'on t'a régulièrement humilié, blessé et abîmé. Maman, c'est une belle âme, et ça l'était déjà à l'époque.

L'aventure de la famille d'accueil : maman ne s'imaginait pas qu'elle n'allait pas être la seule à la vivre, et nous non plus d'ailleurs. C'était une femme remplie d'engagement, qui essayait toujours d'atteindre la perfection, la justesse, avec un niveau d'exigence plutôt élevé non seulement envers elle-même mais aussi envers les autres. À cette période, je suis à l'école primaire, je commence à apprendre la lecture, je suis plutôt studieuse, et l'environnement de la maison est plus serein. Mon livre de lecture, je m'en souviens comme si c'était hier, il s'appelait la méthode GAFI, c'était un petit fantôme blanc. Je m'en souviens car, en toute transparence, l'apprentissage de la lecture n'a pas été simple, et maman manquait clairement de patience à l'époque, une gifle, deux gifles, puis trois… j'en rêvais la nuit, GAFI va à la brocante, GAFI mange des épinards, GAFI passe l'aspirateur, GAFI, GAFI, GAFI… et puis merde à la fin, je ne suis pas une enfant parfaite et je fais ce que je peux. Finalement, j'ai quand même réussi à apprendre à lire, et je pense que maman était fière, mais cela je ne peux pas te le confirmer, je ne me souviens pas l'avoir entendu.

J'étais plutôt studieuse, j'aimais l'école, j'avais envie de réussir, il le fallait, surtout pour que maman continue de m'aimer. Quand je rentrais de l'école, et étant une bavarde, car oui j'adore les mots, c'est bien pour cela que tu es en train de me lire, j'avais envie de partager mes moments avec maman, malheureusement, la place manquait, et maman n'y pouvait rien. Six personnes à doucher, six fois des devoirs à réaliser, un repas pour six, six tenues à anticiper, six couchers, six seulement… À la maison les sujets personnels ne devaient pas être évoqués devant tous, et encore moins devant les enfants que maman avait à charge vingt-quatre heures sur vingt-quatre. Alors, on attendait le coucher, et on allait discuter avec maman dans la chambre. Seulement, être une enfant, et initier les échanges, ce n'est pas toujours simple. C'est aux adultes de veiller à ce que leur enfant aille bien et se sente équilibré, pas l'inverse. Encore une fois, maman n'y pouvait rien, il n'y avait pas d'espace, et elle ne pouvait pas jouer tous les rôles en même temps. Simplement, il faut accepter que cela ait eu des conséquences sur l'enfant que j'étais. En fonctionnant de cette manière, maman m'apprenait donc à être responsable, à m'autogérer, à être tournée vers les autres, à être toujours meilleure, à anticiper les besoins des autres, à voir les tâches ménagères avant même qu'elle doive me les demander. En vérité, sans le savoir elle m'a appris à être adulte, très tôt, trop tôt.

Toujours dans ma mission « sauvons maman », mes besoins étaient secondaires, il fallait que je l'aide, moi je verrai plus tard. Elle avait tout de même pris la décision de m'inscrire au jardin musical, pour que je puisse bénéficier d'une activité, d'un lâcher-prise, et puis l'art c'était quelque chose qui lui plaisait. À ce moment-là, elle ne le savait pas encore, mais elle avait pris une excellente décision pour moi : la scène, le spectacle, le chant, c'est ce qui m'a permis d'exister, c'est ce qui a fait qu'elle posait un regard plus insistant sur moi, qu'elle était fière, et cela me remplissait d'un sentiment heureux, maman m'aimait et cela se voyait. Elle vivait son rêve à travers moi, une connexion, tu crois ?

Souvent, cela rendait d'ailleurs jaloux mon frère et mes sœurs, plus je grandissais, et plus maman passait du temps à venir voir mes représentations, je n'étais pas responsable de cela, mais pour autant, je savais ce que pouvait ressentir mon frère et mes sœurs, et la culpabilité s'emparait de moi, un vrai paradoxe de sentiments.

Pour maman, j'étais la petite fille la plus responsable, qui réussissait à l'école et beaucoup de choses que j'entreprenais, qui travaillait avec engagement, force, et qui courait partout : danse classique, athlétisme, école, spectacle, concours de chant, de quoi être fière car au milieu de mes angoisses, de mes céphalées, de mes craintes, de mon sentiment d'abandon de papa et un peu de rejet de maman, je m'en sortais. En fait, en t'écrivant, je me rends compte que tout cela était vécu et pleinement vécu, mais j'avais tellement envie que l'on me regarde et que l'on me considère que j'étais prête à faire énormément de choses. Je ne peux pas en vouloir à maman, je ne pourrai jamais lui en vouloir, mais effectivement, je me suis perdue, et je ne me suis pas permis d'exister pour ce que je suis vraiment. Je cherchais son amour… et en grandissant à cette vitesse, en inversant les rôles, en voulant sauver maman par amour, par connexion, je ne me suis pas permis de me chercher et de me trouver. Tout ce qui m'importait c'est qu'elle continue de m'aimer.

D'ailleurs, je n'ai connu que très peu de ratés et le seul échec que j'ai pu vivre pendant mon enfance, c'était mon Code, que j'ai raté deux fois, eh bien j'avais à ce moment-là l'impression que j'allais tout perdre, car maman m'avait bien fait comprendre que cela n'était pas acceptable. Alors, dans ce moment-là, tu vois les petits personnages dans le dessin animé vice versa ? Eh bien, ils se mettaient tous en action dans ma tête : la peur, la tristesse, la colère, le dégoût, la joie et c'était le tourbillon des émotions. Et bien entendu, je ne disais rien à maman, il ne fallait pas que je la mette en culpabilité de quoi que ce soit, elle avait déjà suffisamment mangé son pain noir.

Plus les années passaient, plus maman se sentait seule, elle essayait de refaire sa vie, mais cela ne fonctionnait pas, un blocage profond venait détruire chaque relation qu'elle essayait de construire. La conséquence ? « Tu ne peux pas sortir et me laisser ma fille », « Je me sens seule », « encore partie ? », une porte close à mes retours de boîte de nuit, une ou deux nuits dans la voiture sur le trottoir d'en face jusqu'à l'ouverture des volets le lendemain matin. Je ressentais tellement d'injustice, comme s'il m'était interdit de vivre ma jeunesse, en plus d'être responsable de tout, il fallait que je reste à la maison pour combler son vide. Avec 28 ans de recul, je comprends aujourd'hui ce manque, ce désir de nous garder auprès d'elle, en revanche, ce n'était pas simple pour une adolescente de se construire ainsi, comme si le bonheur ne m'était pas permis. Régulièrement, le ton montait à la maison, car je n'étais pas silencieuse, mais à peine j'ouvrais la bouche, que madame culpabilité faisait son retour, car dans le fond, je ne voulais pas laisser maman. Les moments à l'extérieur étaient donc tout de suite moins savoureux, moins plaisants, mais bons, grâce à un de mes passagers, Nicolas, Nico ou Manouche pour les intimes, mon meilleur ami, tout était un peu plus léger, comme il avait lui aussi son lot de merdes on se consolait mutuellement.

À 17 ans, j'ai pris la décision de partir et de quitter le nid, de toute façon je n'avais pas vraiment le choix, c'était la seule solution pour poursuivre mes études, maman ne pouvant pas me conduire à la gare chaque matin. Me voilà donc partie avec mon baluchon, et mon premier petit copain vers une nouvelle vie. En complément de mon avancement scolaire, j'avais de plus en plus de difficultés à composer avec le cocon familial et les enfants à charge de maman qui selon moi à l'époque me volaient maman. Elle faisait tellement bien son travail que d'un enfant à charge au départ de papa, elle allait finir sa carrière à quatre enfants. Imagine-toi, comment trouver ta place à la maison parmi 3 frère et sœurs et quatre enfants étrangers qui mangeaient toute l'énergie, l'espace et le temps de maman. Sans ce métier, sans ce choix qu'elle avait fait, ma vie aurait eu une autre tournure, alors j'ai accepté cela mais m'en suis éloignée. Tout a un prix, et le prix à payer pour avoir une vie équilibrée était de partager maman. Quand je pense à tous ces assistants ou assistantes familiales, je pense forcément à toutes ces familles qui ont, comme moi, partagé leur environnement, et leur vie quotidienne au profit d'autrui. Une vraie leçon de vie à retenir, jusqu'où pouvons-nous aller pour aider les autres ? Sans les autres, sans tous ces voyageurs, à quoi ressemblerait ta vie ? Eh bien, au-delà des sacrifices que cela a coûtés, je te confirme que j'ai pris de ces vingtaines d'enfants et donc vingtaines d'histoires personnelles de sacrées leçons de vie. Des violences sexuelles, des abandons dans la rue, des négligences, en passant par des enfants arrivant avec la galle ou encore des centaines de poux sur la tête, toutes ces vies étaient bouleversantes et malaisantes. Mais j'en ai pris un parti, quitte à payer un peu leur présence, autant en tirer profit. À ces moments précis, tu regardes autour de toi, et tu te confirmes que malgré toutes tes petites cicatrices, ta vie est belle, tu as une mère présente à sa manière, un frère, deux sœurs, tes bras, tes jambes, un toit, un avenir, une passion. Tu relativises, et tu restes marquée à vie des yeux humides de ces enfants en arrivant avec des cabas Auchan contenant deux culottes, un T-shirt, un jogging et un pyjama mais surtout tu restes marquée des sourires que tu as pu transmettre en partageant ton temps, ta vie et surtout maman.

En fait, maman c'est en quelque sorte, une héroïne, elle n'a pas survécu à une tempête, ni à un crash d'avion, ou encore à un cataclysme, mais elle a survécu à une enfance destructrice où régnait l'inceste et la violence parentale, à un premier mari absent, un deuxième mari violent et alcoolique, à des MST, à la charge mentale surdimensionnée, à la peur de manquer d'un euro pour que l'on puisse manger et vivre correctement, aux angoisses, à la dépression, aux nuits chaotiques, en fait à un vrai cyclone de vie. Elle ne le savait pas, mais en plus d'être l'héroïne de tous ces enfants perdus (pas dans Peter Pan, mais bien dans une vie réelle), elle était l'héroïne de sa propre vie, et aussi de la nôtre.

Quelle mère peut combler l'amour d'un père absent, tout en donnant de l'amour quotidiennement sans en avoir reçu un jour de quiconque ? Quelle mère peut être idéale avec un chemin de vie si fastidieux ? Quelle mère peut donner tant aux autres en pensant à elle en même temps ? Aucune, mais ma mère a dépassé cela. Elle a fait bien mieux. Elle n'a peut-être pas été une mère démonstrative par les gestes, ou les mots, mais elle m'a montré ce qu'être une femme déterminée, une femme battante malgré les épreuves, une femme qui n'a pas besoin de son apparence pour être belle, une femme unique qui a su combattre les épreuves et sauver ses quatre enfants, dont moi. Sauver d'un placement en famille d'accueil pour contexte dangereux, sauver car nous ne sommes pas sortis du système scolaire, sauver car nous avons eu à manger chaque matin, midi et soir, sauver car même si c'était des fringues d'occasion nous n'étions pas nus à l'école ou sans chaussures, sauver car lorsque nous étions malades nous étions pris en charge, sauver par la transmission des valeurs humaines bien trop souvent absentes en ce nouveau monde génération X, sauver par son amour même maladroit, sauver car se construire dans la difficulté est une richesse, et que nous serons liés à vie par notre histoire. Sauver parce qu'elle m'a prouvé, et me prouve encore aujourd'hui que l'on peut être l'héroïne de sa propre vie, sans même en avoir conscience, et c'est ce qui la rend encore plus belle, plus forte, et encore plus vaillante.

Tu l'auras compris, même si cela n'a pas toujours été facile de composer avec maman, et toute son histoire, je viens de te présenter l'héroïne de ma vie. Un passager très spécial qui m'aura appris que la vie n'est pas toujours simple, mais que la vie est riche d'humanité. Que la vie mérite d'être vécue malgré les épreuves, malgré les parcours fragiles. Que chacun mérite le bonheur, et que nous avons tous la possibilité d'être acteurs du bonheur des autres mais surtout de son propre bonheur. Que chaque petit geste est important et qu'il apporte bienfait auprès des autres. Que c'est encore plus beau de donner, en ayant conscience des bienfaits sur autrui mais en gardant son humilité. Au-delà de toutes ces valeurs ou leçons transmises par mon héroïne, volontairement ou involontairement, je lui dois tout simplement la vie. Passager n° 1, comme le disait Churchill, « Il n'y a aucune recette pour devenir une mère parfaite, mais il y a mille et une façons d'être une bonne mère. »

Passager n° 2
Valentin
Mon premier grand amour

À mon premier grand amour

C'était en deux mille treize, je venais d'avoir vingt ans, un an plus tôt, j'étais revenu chez maman. Ma première histoire d'amour avec Grégory n'avait pas fonctionné, j'avais obtenu mon BTS en négociation relations clients dans un établissement scolaire à St Pol sur Ternoise, et ma vie professionnelle allait pouvoir commencer. Le contexte chez maman n'avait pas vraiment changé, en revanche, j'étais jeune adulte, je prenais déjà davantage de recul sur les choses, et je n'avais pas vraiment le choix car subvenir à mes besoins seule était difficile sans emploi. Maman avait accepté mon retour à la maison, et quelle joie pour elle de m'entendre de nouveau chanter dans toutes les pièces, comme si la maison reprenait vie un peu plus chaque jour. Avec toute ma motivation et mon engagement, je me suis mise à chercher un emploi au moins pour la période d'été dans un premier temps. J'ai déposé des dizaines de lettres de motivation et curriculum vitae dans toutes les entreprises du secteur, mon objectif : trouver un job qui me ressemblait dynamique, au contact des clients, en action permanente. Je me suis donc acharnée et je me suis battue pour être reçue par le magasin DECATHLON de Fouquières les Béthune qui avait indiqué connaître un besoin au rayon fitness pour un poste de vendeuse. Un premier appel où on me signale que les CV sont en cours de traitement, puis un deuxième où je m'assure qu'ils aient bien réceptionné ma candidature, puis un troisième où je demande au manager d'aller fouiller dans le tas de CV de l'accueil du magasin en indiquant que je souhaiterai exposer mes motivations lors d'un entretien. Explosion de joie, ils acceptent, on me reçoit, c'était un jeudi. À ce moment-là, je ne savais pas encore que ma vie allait basculer.

Je me rends au magasin, avec toute ma détermination, avec le sourire, bien pouponnée, j'avais choisi une tenue sportive mais pas trop, il fallait que je puisse renvoyer une bonne image de moi. Ça y est, je suis face au magasin, j'ai le cœur qui bat la chamade, je suis un peu stressée car j'ai vraiment envie de réussir. Je me présente à l'accueil, et j'entends dans le micro du magasin « Valentin est attendu à l'accueil, Valentin merci ». Le stress continue de monter, mais avec la scène je suis plutôt à l'aise sur la gestion du stress, donc je continue de sourire… Un homme brun m'accueille, des yeux bleus aussi perçants que la couleur d'un lagon de l'île d'Antipaxos, en Grèce (si tu aimes voyager, j'en profite pour te recommander cette destination), il n'était pas très grand, un mètre soixante-quinze je dirai, un sourire de tombeur, une barbe de trois jours, une allure déterminée, heureux, le mec plutôt très bien dans ses baskets. Après nos présentations rapides, il m'indique le chemin, et m'invite à le suivre en salle d'entretien, je me retrouve derrière lui. Les filles… des fesses… des fesses à tomber par terre dans un beau jean Lévis, je m'empêchais alors de les regarder, je ne pouvais pas « mater » mon éventuel futur « patron ». Nous arrivons dans la salle, il m'invite à m'asseoir et fait de même face à moi. Je reste confiante. Il commence par se présenter ainsi : « Je m'appelle Valentin, j'ai 29 ans, pas de chien, pas de chat, et je suis manager chez Décathlon. » Je me mets à rire… Présentation originale. Nous vivons une heure d'entretien, on discute sans interruption, il sent mon envie, ma détermination, et je sens qu'il est plutôt réceptif à nos échanges. Il m'indique revenir vers moi rapidement pour me fournir une réponse et me remercie pour l'échange. Je me sens bien… j'ai terriblement hâte de sortir du magasin, et d'appeler mon fidèle meilleur ami pour lui raconter le moment. Je prends mon téléphone : « Manouche, je suis dans "la merde", je viens de tomber amoureuse de mon futur patron. » À ce moment, je me moquais du poste à pourvoir, Valentin m'avait fait rire, Valentin était terriblement beau, Valentin était celui que j'attendais, auprès de lui, je me suis sentie vivante, heureuse, à ma place.

Tu y crois au coup de foudre ? Jusqu'à ce jour, je me disais que cela n'arriverait jamais, je m'étais trompée. Quelques jours sont passés, je ne pensais qu'à son appel. Le téléphone sonne, c'était lui. Alors d'après toi ? Retenue ou pas retenue ? Il m'annonce que le poste de vendeuse vingt-cinq heures est pour moi, je suis sur un nuage, mais je me demande déjà comment je vais gérer le fait d'être tombée amoureuse de mon patron. Lui de son côté est plutôt enjoué mais reste plutôt impassible sur ses émotions, et je n'arrivais pas encore à les sentir.

L'aventure commence un lundi matin, j'étais heureuse, non seulement de découvrir un nouvel univers, mais aussi d'être auprès de lui chaque jour. Son repos avait lieu le vendredi, c'était donc la seule journée où je ne le voyais pas, mais je m'arrangeais souvent pour lui communiquer les résultats des ventes de la journée, ou même pour réussir une vente extra, histoire qu'il me remarque. J'avais toujours une réponse de sa part, toujours un peu d'espoir.

La plus belle qualité que j'ai vite remarquée chez lui c'est qu'il avait un extrême sens de l'humour, c'était le petit rigolo de la bande, il faisait rire de nombreux clients, et donnait le sourire à de nombreuses personnes chaque jour. J'étais moi-même la première à rire, qu'est-ce que c'était bon de rire à ces côtés, c'était tellement spontané, mon rire venait tellement du cœur, de l'intérieur, j'étais admirative et amoureuse. Il ne le savait pas encore, mais j'allais très rapidement passer à l'action. Un autre manager du magasin, Loïc, m'invite un soir pour un apéritif chez lui, j'accepte bien entendu volontiers, puisque j'avais entendu dire que Valentin était présent. Je m'habille, et enfile le plus beau jean que je trouve, une petite paire d'escarpins, un haut simple. Nous passons la soirée, une nouvelle fois, je me sens bien, heureuse, et je vis pleinement le moment présent. Pendant la soirée, je ne rate aucuns faits et gestes de Valentin, il est vingt-trois heures, il attrape la guitare de Loïc et se met à jouer. « Putin »… encore un point positif dans sa poche, je vibre de l'intérieur, imagine-toi le mec barbe de trois jours, portant toujours un jean Lévis, posant ses mains sur une guitare quand tu es une passionnée de musique. Je quitte la soirée avec le numéro de Loïc, je rentre, et remercie Loïc par message pour son invitation. Dans les trois minutes, je reçois un message de Valentin, un petit jeu de séduction s'installe…

La vie continue, je persiste à envoyer mes messages chaque vendredi, j'invite clairement Valentin à boire un verre, il me refoule car ne se sent pas à l'aise de par le contexte professionnel, jusqu'à quelques semaines plus tard, où il acceptait enfin de partager un moment avec moi. Nous nous voyons plusieurs soirs, plusieurs nuits, sans qu'il passe quoi que ce soit de physique. Mais il y a une soirée qui m'a marqué particulièrement, ou plutôt une nuit. Je portais un pantalon vert kaki, des escarpins, et un haut noir avec le dos en dentelle plutôt dénudé, il est vingt heures, j'avais prévu de partager avec lui un moment musique et de lui chanter un morceau. La soirée se passe, je me sens tellement légère, heureuse, remplie, j'ai confiance en moi, je me sens belle, je me sens désirée, et j'ai envie de poursuivre nos échanges et moments. Je lui chante ma chanson… il me regarde, ses yeux se chargent de larmes, l'émotion prend place dans son appartement de vingt mètres carrés à peine, situé au deuxième étage d'un immeuble.

On continue de vivre notre soirée, on rit, on échange, on se touche les mains, on rit encore, on discute, on partage, on se laisse porter, on lâche prise, on invente des jeux d'enfants avec des devinettes, et il est cinq heures du matin. Je rentre à la maison, le cœur vibrant, pleurant de joie, transpirant, mon corps est un peu fatigué mais mon âme nage dans le plein bonheur.

Les semaines passent, je suis toujours vendeuse chez Decathlon, lui toujours mon patron, on continue de se voir le soir, et on reprend nos rôles respectifs la journée, un secret bien gardé et bien excitant à vivre au quotidien. Je me souviens de ses « Bonjour » à l'entrée du magasin avec un air coquin, comme si c'était hier… et pourtant c'était il y a déjà huit ans. Nous n'avons toujours pas échangé un baiser, jusqu'à ce fameux jour où Valentin devait partir en Norvège un matin de juillet, le trente. Il partait pour dix jours de trake avec Cédric, son meilleur ami. Nous avons passé la nuit ensemble, et je devais partir au petit matin, il a les fesses posées sur ce canapé velours marron, je suis face à lui, les mains moites, ça bouillonne à l'intérieur. Je le sens, ça va être le moment. Il passe sa main dans mes cheveux châtain foncé, longs et raides, il les adorait comme ça, on prend le temps de se regarder, et nous nous embrassons langoureusement, plusieurs fois. Tu vois les baisers sur les quais de gare ? Ou encore les baisers sous le préau de l'école ? les baisers de mariés qui se disent oui ? En fait, tout y était… j'étais loin… j'étais sur un nuage, j'étais heureuse, enfin…

10 jours s'en sont suivis, où je n'avais que très peu de nouvelles, il n'avait pas toujours de wifi en Norvège, j'ai donc commencé un décompte. Un petit paquet de post-its, et l'histoire des J- pouvait commencer. Je suis passée chaque jour à son immeuble déposer un post-it indiquant J- avec un petit message sur sa porte d'entrée, pendant que lui écrivait un petit carnet en me racontant chacune de ses journées au crayon de bois. Ni lui ni moi ne savions ce que nous étions en train de réaliser, chacun de notre côté pour l'autre, et c'est un fait qui résume toute mon histoire avec lui. Toujours connectés, le même mot, la même pensée, au même moment, et à l'heure où je te décris dans ce livre chacun de mes passagers à bord de mon train de vie, il me parle de train par SMS… et pourtant notre histoire a bien changé. Un début de relation digne d'un roman, une rencontre spontanée, un coup de foudre, puis un coup de cœur, un baiser, un voyage pour lui, les J- pour moi, son retour, nos retrouvailles, et notre histoire a commencé.

Très rapidement, il m'a remis les clés de son appartement, et me laissait une place dans son dressing de fortune. Ma brosse à dents, et mon maquillage prenaient place dans sa salle de bain, dans laquelle nous avons fait de nombreux selfies, et dans laquelle il y avait un miroir, qui me permettait d'entrevoir son joli fessier lorsque je me douchais. J'en profitais pour démissionner de DECATHLON, pour reprendre un cursus en Ressources humaines, parce que l'humain me passionnait déjà, et acheter notre liberté sentimentale. Pas facile d'être collègue et amants fous.

L'été 2013 fut riche de rencontres, maman, ma famille, sa famille, nos amis, mais nous avons tout de même vécu en autarcie, nous étions bien et confortablement installés dans notre bulle. Sans qu'il ne le sache, j'organisais ses trente ans, prévus en octobre deux mille treize. Il m'a fallu contacter l'ensemble de ses amis, que je ne connaissais pas encore, et certains membres de sa famille également. Une mission commando que j'avais prise particulièrement à cœur.

Nous étions de plus en plus à l'étroit dans son appartement, alors nous décidions en septembre d'emménager dans une maisonnette située à la campagne, au milieu de différents circuits de courses à pied. Valentin adorait ça, et m'avait initié à ce sport, il m'avait appris le dépassement de soi. Je détestais le cross en étant plus jeune, et me voilà en basket, vêtue d'une tenue qu'il m'avait lui-même offerte, pour faire mes premiers trois kilomètres, puis cinq, puis dix, puis la validation de mon inscription à mon premier trail prévu en avril. Il s'était lancé le défi de réaliser un trail de cent trois kilomètres, et moi vingt-deux au milieu des terrils du Nord Pas de Calais. Le défi de sa vie, sa montagne, la mienne, que nous allions partager ensemble.

En septembre eu lieu notre premier voyage en amoureux, et quel voyage ! La Croatie en sac à dos ! Nous voilà partis gambader dans les rues de la Croatie pour vivre une folle expérience. Des rencontres, des loupés de train, des loupés de bus, des fous rires, des criques dans lesquels nous ne pouvions pas nous baigner car nous étions sous la pluie, la visite d'un parc inondé où nous devions retirer les chaussures pour marcher. J'avais un sac à dos de douze kilogrammes, quand lui en portait dix-huit, nous avions nos bâtons de randonnées, et notre amour pour nous. Un trake finement organisé par mon homme, un point A pour finir à un point B, en passant par des endroits merveilleux. À nous les anecdotes : un réveil avec une tente pleine d'eau et des nids de fourmis qui nous mordillaient les pieds, une attaque de chats sauvages sur la tente que nous avions plantée en haut d'une colline, une bataille de bifles de saucisses knacki, des cinquantenaires voyageurs qui nous amenaient dans leur camping-car, l'oubli de la bombonne de gaz pour le réchaud, des douches froides (quand il y avait des douches), les Croates qui nous insultaient sans même que nous comprenions pourquoi… Une expérience riche de souvenirs, de moments uniques, de fous rires, de partage, d'amour. C'était jusqu'à ce jour, le plus beau voyage de ma vie, un voyage d'aventurière, qui m'ouvrait le goût de la découverte, et qui me montrait que j'étais capable de beaucoup de choses lorsqu'il était à mes côtés.

À notre retour, c'était l'aube de ses trente ans, et il ne le savait pas, mais je me suis toujours dit qu'à trente ans je serai la plus heureuse des femmes. Alors j'avais fait en sorte que ses trente ans le marquent à vie. Des amis du nord, de Paris, de Lyon, sa famille, ma famille, mes amis, une cinquantaine de personnes présentes pour l'occasion chez nous. Il arrivait les yeux bandés, et lorsque j'ai vu ses yeux bleus chargés de larmes en retirant le bandeau, l'émotion était palpable pour tous, la surprise était réussie. Il avait maintenant trente ans, un chat Nutella, une femme, et tous ses proches autour de lui.

Notre rencontre, notre travail, notre emménagement, mon changement professionnel, notre premier voyage, son anniversaire, notre premier Noël, la nouvelle année, mon anniversaire, la première Saint-Valentin, et nous sommes en avril deux mille quatorze. Je n'ai pas oublié de te raconter nos moments coquins, mais sans rentrer dans les détails, car des amants fous ne révèlent pas leurs secrets, je les vivais une expérience sensorielle et sexuelle riche, intense, une rencontre aussi à ce niveau. Sans compter les fous rires, lorsque je tombais sur des préservatifs « i love val » avec son 06. C'était pour me rappeler que mon prince n'avait pas toujours était raisonné. J'ai découvert de premières expériences accessoires, sur du James Blunt, c'était notre petit rituel, et c'était délicieux. Parfois, il nous prenait d'essayer les photos coquines, mais c'était un raté absolu, ce qui nous valait de bons et gros fous rires. Dans notre chambre, il y avait un mur de post-it, de toutes les couleurs, comme nous, toujours enjoués et dynamiques. C'était tous nos petits mots du matin, du soir, de la journée, mine de rien, les J- du début avait donné beaucoup de sens à toute la suite de notre histoire.

Un soir d'avril, il m'invitait dans un restaurant pour notre « moisiversaire » comme on les appelait, nous étions donc le trente, à quelques jours ou heures prêts.

Nous avons dégusté un succulent repas, qui se terminait par un bandage d'yeux express. Il m'invite à monter dans la voiture et à lui faire confiance. Je suis donc à son écoute, et je décidais de lâcher prise pour vivre ce moment surprise. Comme à mon habitude et étant souvent dans le contrôle, je lui pose un milliard de questions, restées sans réponse. Nous sommes garés, il ouvre la portière du véhicule, me prend par le bras. Je marche, mon cœur bat la chamade. J'entre dans une pièce chaude, avec un fond de musique, assez humide, je pense donc au SPA, il retire le bandeau…

Face à moi, un mur avec une bâche jaune géante sur laquelle il était inscrit : « Mon amour, ma vie… pour toujours il ne manque que ton oui PS. I love you » (PS i love you, en référence à notre premier film partagé). Je tourne la tête, il était à ma droite, à genou, avec un écrin contenant une bague de fiançailles, je m'effondre, et lui répond un immense oui. Le temps s'arrêtait, j'avais trouvé mon âme sœur, j'étais si fière de lui, si admirative de cet homme, si aimante, si amoureuse, si folle de lui… Le genre d'amour que tu ne vis qu'une seule fois. Nous poursuivions la soirée, en rêvant de notre vie de demain… Valentin et moi, c'était plutôt une relation cyclonique, tout allait très vite, nos envies, notre amour, nos moments, nos projets, nous étions lancés à la même vitesse que la fusée Ariane.

En avril, voilà l'heure de notre montagne : le fameux Trail des Pyramides Noires édition deux mille quatorze. La barre au ventre, Valentin part à quatre heures du matin. Je me réveille à huit heures, pour mon départ, j'ouvre les yeux et je le contactais immédiatement pour savoir si le début de sa course se déroulait bien. Il était heureux, serein, confiant. Je rejoins ma ligne de départ, Valentin courait déjà depuis plus de six heures, me voilà partie en attaquant tout de suite par un terril. Nous avons partagé notre course ensemble à de nombreux points de l'effort, par téléphone. Nous étions très fusionnels, jamais rien l'un sans l'autre. D'ailleurs tu te demandes pourquoi j'évoque ce passage ? Et bien parce que ce jour-là, c'était l'étape qui m'a le plus mise en confiance avec Valentin, chaque kilomètre parcouru je l'entendais (dans mon esprit) me dire « allez ma chérie, sois forte, souffle » comme il pouvait me le dire à chaque entraînement, il me donnait de la force sans être là. J'ai terminé ma course jusqu'au bout, pour moi, et aussi pour lui. J'étais tellement fière. Lui courait depuis plus de dix heures, la fin de sa course approchait, je n'en croyais pas mes yeux, il allait le faire : ses cent trois kilomètres. C'était mon homme. Après avoir fait mes vingt-deux kilomètres, mangé un hamburger après course, et récupéré mon gain : un panier garni (eh bien oui, en arrivant deuxième sur trois dans ma catégorie, j'ai forcément fait un podium) j'ai eu envie de finir la course avec lui. Je l'ai donc rejoint, un état physique en dehors du temps, des crampes, un visage tiré, il était au-dessus de son corps, je l'ai soutenu, porté, encouragé, il fallait qu'il atteigne son but. Et il l'a fait ! Avec une émotion grandiose, sa famille et moi l'accueillons sur la ligne d'arrivée, où il s'effondre en larme. Nous l'avions fait, nous avions atteint notre montagne ! Cent vingt-cinq kilomètres à nous deux, avec un soutien mutuel sans faille, de quoi me rassurer sur l'avenir. Nous étions soudés et unis, et nous nous l'étions prouvé.

Juin deux mille quatorze, déjà presque une année d'amour fusionnel, passionnel, avec un mariage programmé, j'étais heureuse, légère, allais je construire la vie que j'avais imaginé dans ma tête ? Allais je pouvoir construire une solide histoire pour contrebalancer les difficultés rencontrées pendant mon enfance ?

Nous sommes samedi, journée programmée pour des essayages de robes de mariés. Une journée marquée par un cap dans ma vie, un rêve de petite fille qui allait devenir réel, j'étais en train de me préparer à devenir épouse. Je fouine dans plusieurs magasins de robes, et finalement, je ne trouve pas ce que je souhaite. En revanche, l'émotion était forte lorsque je me regardais dans le miroir, j'en pleurais de joie. En fin d'après-midi, je repars bredouille, mais des rêves et envies plein la tête, ce sera pour les prochains essayages. Je rentre chez ma sœur Alice pour le café. Nous discutons de la journée, débriefing obligatoire. Mon téléphone sonne, c'était peut-être lui, j'attendais ses appels, ses SMS à chaque sonnerie, chaque jour, chaque minute.

Une notification Messenger apparaît, je vois qu'il y a des pièces jointes au message. Et je m'arrête sur cette phrase inscrite entre guillemets « Un mort et un cocu ont en commun l'ignorance de leur état, maintenant toi tu sais. »

Je défile les messages, les imprime-écran, les photos, les vidéos, et je comprends après quelques secondes, que Valentin m'avait trompé avec Émilie, une fille que je ne connaissais pas qui avait décidé de me partager tous leurs échanges. Je m'arrêtais de respirer, des tremblements de la tête aux pieds, des larmes, des sanglots, de la colère, de la tristesse. J'essayais ma robe de mariée le matin même, et ce soir je tombe du cent deuxième étage de l'Empire State Building. Je prends mon téléphone, je contacte Valentin, en furie, sans être capable de prononcer deux mots.

Moi : « Tu n'as pas quelque chose à me dire. »

Lui : « Non, je ne vois pas de quoi tu parles. »

Moi : « Tu es bien sûr ? »

Lui : « Oui. »

Moi : « Tu as couché avec elle ? Tu m'as trompé ? Comment tu as pu ? Elle était bonne ? »

Et une ribambelle de méchancetés sont sorties de ma bouche. Je termine par ces simples mots.

Moi : « Termine ton déménagement de rayon, ne te presse pas, et ose rentrer. »

Puis j'ai raccroché, je me suis étalée de tout mon corps au sol, et j'ai contacté une amie que nous avions en commun, Perrine, j'avais besoin de sens, elle rappliquait chez ma sœur dans les dix minutes. J'étais dans un état second, j'étais absente, éteinte, on avait appuyé sur le bouton off et tout s'était arrêté en quelques secondes. Charlotte n'existait plus. J'ai vidé dix-huit paquets de Clinex, pris pendant deux heures ma sœur et Perrine dans les bras, en cherchant des réponses. Tout était si parfait, nous étions épanouis sur tous les points, rien ne clochait, enfin… jusqu'à ce jour.

À vingt heures trente, je reprenais la voiture, seule, pour rentrer dans notre campagne, j'ai une heure de trajet, le temps de vider encore deux ou trois paquets de Clinex sur du BIRDY. Je me gare, Valentin n'est pas encore à la maison, je m'écroule dans le canapé en velours marron, sur lequel nous nous étions embrassés pour la première fois, mais dans lequel il avait aussi pris des photos, dénudé, à partager avec cette… femme. Je suis désemparée, vide de toutes émotions, énergie et je ne sais absolument pas quoi faire, quoi penser. J'entends un bruit de moteur, c'est lui... mon cœur se met à battre, et j'ai encore deux fois plus envie de m'effondrer. Il ouvre la porte, me trouve assise dans le canapé en larmes, il tente en vain de me prendre dans ses bras, je le rejette, mais pas un mot ne sort de ma bouche, pas un geste, je n'arrive à rien. J'étais bien sûr off...

Après avoir repris mes esprits quelques minutes après son retour, je me lâche, et une ribambelle de propos sortent : « comment tu as pu me faire ça, nous faire ça ? », « elle était comment sa cha... ? », « Et toi, tu t'es bien vidé ? », je ne maîtrise absolument pas mes mots et émotions. Je ne prenais aucune décision, mais je crois que dans ma tête, je ne pouvais pas imaginer une séparation, comme si je prenais instamment la décision de supprimer ce passage. Crois-tu que j'étais dans le déni ? Te demandes-tu quelle était la suite ? Eh bien, je me suis couchée à côté de lui, j'ai pleuré une bonne partie de la nuit, je continuais de recevoir des SMS et photos d'Émilie qui, selon moi, souhaitait une espèce de vengeance. J'ai donc pris la décision de nous protéger en lui répondant ceci : « N'essaie pas de nous détruire, Valentin m'avait déjà tout dit, il nous en faut plus que ça pour nous briser. Au revoir », avant de la bloquer.

Je ne me pensais pas être capable de réagir ainsi, je ne sais où je suis allée chercher cette énergie pour nous protéger. J'étais face à toutes ces photos, ces échanges de SMS, je pleure, il est à côté de moi, et je ne le savais pas encore mais j'orientais déjà ma décision. La nuit fut longue, beaucoup plus longue que notre première nuit, les questions fusaient : que dois-je faire ? Partir ? Lui pardonner ? Rester ? Pourquoi ? Pourquoi ? Pourquoi ? Et encore Pourquoi ? La seule réponse que j'avais c'est que je ne m'imaginais pas sans lui. Mon petit ange me disait « l'erreur est humaine Charlotte, tu n'es pas à l'abri, toi aussi tu peux fauter », quand mon petit démon lui me disait « casse-toi, et ne réfléchis pas ». Toute la journée, ce message résonnait dans ma tête. Je n'ai pas pris la peine de réfléchir davantage, je suis rentrée à la maison après une journée de boulot, j'ai pris mon courage à deux mains, j'ai respiré une grande bouffée d'air, et me suis décidée à lui parler.

Moi : « Écoute, je te pardonne, je reste, je souhaite que l'on continue car je t'aime, en revanche je souhaite que tu assumes les choses, et je souhaite annuler le mariage. »

Lui : En pleurs… sans mot.

Nous voilà repartis de plus belle dans une nouvelle relation marquée au fer rouge. J'ai mis mon cerveau en off, j'ai oublié de réfléchir et ressentir, le temps de quelques semaines, sans cela, je n'aurai jamais été capable de passer au-dessus de cette descente aux enfers. J'idolâtrais tellement cet homme, que j'avais oublié qu'il pouvait être humain et commettre lui aussi des erreurs, plus ou moins importantes, voire destructrices. J'ai donc arrêté de me poser des questions, et je décidais de lui faire de nouveau confiance. Pour cela, il m'avait bien aidé. Des preuves quotidiennes, des gestes, des mots, assumer les faits devant ses parents, certains de ses amis, ma famille, mes amis. Il prenait l'engagement de ne plus commettre cela, et de me protéger.

Après avoir digéré tout cela, nous avions eu besoin de changement, nous avons donc déménagé en deux mille quinze, dans les weppes, un secteur très joli, où régnaient le calme et la sérénité. S'en sont suivis des moments merveilleux de vie, des soirées entre amis, des travaux monumentaux dans notre nouveau chez nous, comme si nous détruisions tout pour reconstruire quelque chose de plus beau et plus neuf, un peu comme notre histoire finalement.

Nous sommes en novembre, je pars en séminaire le temps d'une semaine. Nous nous appelons toute la semaine, chaque soir, pour partager nos journées. J'étais sereine. La distance n'a jamais été facile avec notre histoire, toujours la peur au ventre que la tromperie lui brûle les doigts. Je rentre le vendredi, une bougie et une tablette au rez-de-chaussée. Un fameux post-it m'invitant à ouvrir la tablette. Une vidéo de lui, avec le nez recouvert de peinture blanche, le « big smile », les yeux fatigués mais je le sentais heureux. Il m'informe qu'il n'a pas passé une semaine facile, que chaque soir, en visio il faisait semblant de se coucher, mais qu'en réalité il était en tenue de chantier sous la couette et qu'il se relevait à peine nous avions raccroché la ligne. En vérité, il retapait une pièce complète pour me créer mon univers : un studio de musique. Jusqu'au détail de la mousse phonique collée aux murs. Il m'invitait à aller découvrir mon espace. J'ai monté les marches de l'escalier une à une, mon cœur battait une nouvelle fois très rapidement, je m'émoustillais déjà de voir tout le travail fourni par mon homme. J'ouvre la porte, un piano, un microstudio, la mousse phonique aux murs, une enceinte Marshall, des armoires pour ranger mon matériel et mes textes… Tout ce qu'une chanteuse rêve d'avoir chez elle. Sur le meuble de l'entrée : un petit sac. Tout cela Valentin m'avait laissé le découvrir seule, et au moment où j'aperçois le petit sac, je sens son souffle chaud derrière moi, dans ma nuque, ses mains m'enlacer par la taille, il me retourne, me contient dans ses bras, nous nous mettons à pleurer tous les deux. J'ouvre le sac, une boîte à bijoux, j'ouvre la boîte, un collier avec deux anneaux un anneau blanc, un anneau noir, et un autre post-it me demandant de l'épouser, mais cette fois-ci pour de vrai. À ce moment, mon cœur réagit, nous étions les rois du monde, nous avions survécu à une épreuve de couple, nous étions de nouveau heureux, nous nous battions chaque jour, mais l'amour que nous avions l'un pour l'autre nous sauvait à chaque fois. C'est donc sans hésitation, que cette fois, je criais un oui, un oui d'amour, un oui de victoire, un oui pour la vie, un oui d'engagement.

C'est alors que le vingt-quatre septembre deux mille seize, un an plus tard, nous nous disions oui à la mairie, puis à l'église, face à nos familles, nos amis. Nos amis qui nous avaient fortement gâtés dans nos enterrements de vie de jeune fille et jeune homme respectifs, J'ai vécu la plus belle journée de ma vie, encore davantage de saveurs, lorsque la veille nous nous retrouvions à découvrir une surprise respective identique que nous nous étions faite Valentin et moi, encore une fois sans le savoir. Lui me faisait parvenir un enregistrement vocal MP3 pour m'adresser un dernier message avant le jour J, et moi un Dictaphone avec mon dernier message pour lui. J'ai ouvert la boîte, j'ai vu qu'il m'avait laissé un message audio et la seule pensée que j'ai eue à ce moment c'était : « c'est lui, je ne me suis pas trompée, c'est une évidence, nous nous sommes fait la même surprise et j'avais pris la meilleure décision de ma vie en lui pardonnant son erreur ». Demain, je m'appellerai madame Charlotte Petit. Je m'étais entraîné pour ma future signature, et j'étais terriblement fière de porter son nom, de porter une alliance gravée : PS I LOVE YOU. De surprise en surprise, la journée avait démarré par la réception de courriers que Valentin m'avait rédigés, la règle du jeu était que je reçoive un courrier à chaque moment important de la journée. Les lettres étaient toutes plus belles les unes que les autres, et des messages forts y étaient présents. Une cérémonie personnalisée de nos mots, une préparation au mariage riche d'échanges et de discussions, de larmes aussi… Nous avions mis du cœur à l'ouvrage, et tout le monde l'avait ressenti ce jour-là. Nous étions plutôt casés dans la case « couple incassable ». Une ouverture de bal sur un jive, une danse qui nous ressemblait bien, dynamique, coquine, rythmée, pétillante comme le feu d'artifices surprise que maman nous avait offert en fin de soirée. Je me souviendrai toute ma vie de ses mots : « Ma fille, Mon fils, je vous souhaite d'avoir une vie qui ressemble à cela… », et voilà que les pétards se déchaînaient dans le jardin, un immense feu d'artifice, comme toute notre relation depuis le départ, aussi brillante, stimulante, colorée, que piquante. Nous avons énormément reçu et énormément donné ce jour-là. D'ailleurs, nous avons de nombreux clichés souvenirs pris par l'une de mes passagères de vie, Inès, une rencontre du cœur, qui est elle aussi est encore dans mon train. Le vingt-quatre septembre deux mille seize. Le vingt-quatre septembre deux mille seize. Le vingt-quatre septembre deux mille seize, j'étais devenue sa femme, et lui mon mari, et nous nous étions lancés dans la grande aventure du mariage.

Il a fallu quelques semaines et mois, pour que nous redescendions de notre nuage, et je me souviens d'un vide immense après ces deux jours de cérémonie entourés de tous nos proches. Nous avions reçu tellement d'amour. Les mois s'en sont suivis et nous poursuivions notre périple, avec un départ en voyage de noces en avril deux mille dix-sept, au Sri Lanka. Je sentais bien que notre mariage était beau, et bon, notre vie quotidienne se passait très bien, hors mis, les quelques hauts et bas que tous les couples peuvent connaître, « Tu n'as pas rangé les couverts comme il le fallait », « Je n'ai pas eu de bisous ce matin », « Pourquoi tu dis cela devant tes potes », « arrête de conduire quand tu as bu », « Tu ne me désires plus, je suis moche ? », « J'aimerais bien un petit post-it de temps en temps, ça me manque », « On en parle de la répartition des tâches ménagères ? », « T'es exigeante ! », en bref le temps passait et les petits problèmes s'installaient. Valentin n'était pas très bon en communication, d'ailleurs je me rends compte en t'écrivant qu'il ne me reprochait pas grand-chose finalement, il est vrai que je me sentais souvent seule face à ces petits problèmes. Seulement, l'amour, c'est aussi et surtout choisir les gens pour ce qu'ils sont, alors j'apprenais la composition. J'avais quand même un peu de mal à tenir ma langue, tu connais maintenant un peu plus mon goût pour les mots. Le voyage fut merveilleux, différent de la Croatie, ou encore de l'Albanie et Rome que nous avions fait lors de ces deux dernières années. J'en garde un merveilleux souvenir, avec des paysages, des rencontres, une constipation du tonnerre avec tout ce riz englouti, et de belles anecdotes : dire à un chauffeur qui parle en anglais, « tu as la tête dans le cul » en traduisant mot à mot, cela donnait « you have a head in your ass » je te laisse imaginer la tête du chauffeur. Ou encore la surprise coquine ratée, quand en achetant un string bonbon, j'avais choisi une taille XL pour mon petit corps taille S, autant te dire que le style était plutôt Borat. Des fous rires à n'en plus finir, nos petits problèmes étaient bien derrière nous. Quinze heures de vol, un retour à la maison après une escale en Inde, des photos souvenirs dans le smartphone, et un bien être complet.

Nous sommes toujours en deux mille dix-sept, nous sommes en juin, le trente c'était notre anniversaire, et je ne m'imaginais pas comme ce mois de juin allait être encore plus savoureux que les précédents. J'ai dix jours de retard, retard de règles, j'achète un test en pharmacie, je ne dis rien, je rentre du travail, je file aux w.c. et j'attends bien patiemment sur le trône, eh bien oui le trône car Valentin m'appelait assez souvent princesse. Non pas parce que j'étais jolie, mais simplement parce que je ne dégazais jamais. Je suis certaine que celle-là te fera sourire. Dans la minute, j'apprenais que j'étais enceinte de trois semaines, moi qui imaginais surprendre Valentin pour l'annonce, je n'ai même pas attendu de remonter complètement mon pantalon, je suis sortie des toilettes, et j'ai couru vers lui en lui annonçant la nouvelle : il allait devenir papa ! Nous allions devenir parents ! C'est comme cela qu'une nouvelle aventure allait débuter, mon passager principal Arthur allait naître dans neuf mois. Bien entendu, tu connaîtras tous les détails de sa naissance, et du soutien exceptionnel de mon mari le jour de l'accouchement le onze mars deux mille dix-huit.

Le onze mars deux mille dix-huit, nous découvrions notre nouveau rôle de parents, pas simple de créer l'équilibre entre ta vie d'homme, de femme, de papa, de maman, de mari et de femme. C'est une mission que nous avions particulièrement essayé de prendre à charge, avec nos tripes, et nos cœurs. Nous nous amusions dans ce nouveau rôle, à chaque fois que nous partagions un moment tous les trois, le sens du mot famille prenait un peu plus de place encore. L'arrivée d'un enfant perturbe l'équilibre du couple, on ne peut pas se le cacher, ce petit être n'en est en aucun cas responsable, puisqu'il n'a demandé à personne de venir au monde. Nous avions décidé ensemble de faire vivre, le fruit de notre amour, le fruit de nous deux, pour construire notre famille, et pour laisser une trace de notre union en ce monde. Arthur était donc né d'un amour passionnel, il était voulu, attendu, souhaité. Notre couple était plutôt équilibré, mais nous sentions tout de même que cette épreuve d'adultère, de tromperie était venue éteindre quelque chose, alourdir notre légèreté du début. Nous nous sommes construits, avec notre histoire, en ayant conscience de la richesse de notre couple, la richesse que nous avions l'un pour l'autre, et encore davantage avec l'arrivée de notre fils.

Arthur grandissait chaque jour un peu plus, et nous ne prenions que très peu de temps pour nous, nous l'avions décidé comme cela. Sans nous en rendre compte, le temps partagé ensemble était trop peu présent, nous étions complètement tournés vers notre petit prout, comme on l'appelait, et nous en étions complètement épanouis. Enfin, c'est ce que je pensais, jusqu'à cette date du vingt-trois décembre deux mille dix-huit, Arthur a alors neuf mois, nous nous apprêtions à fêter Noël.

J'étais confortablement installée dans le canapé, non plus le fameux canapé marron de velours, mais beige, entre temps nous avions jeté de nombreuses choses du passé. Je pianotais sur le téléphone. Valentin était face à moi, dans son club cuir marron, celui dont il avait tant rêvé, le feu de cheminée est allumé, lui aussi pianotait sur le téléphone. À ce moment, alors que cela ne m'était pas arrivé depuis des mois, j'interroge Valentin sur son occupation du moment.

Moi : Avec qui discutes-tu comme cela ?

Lui : Avec tout le monde, me répondait-il d'un air gêné et perturbé.

Moi : Avec tout le monde ? En même temps ? Je sens que tu es gêné, dis-moi la vérité, avec qui discutes-tu ?

Lui : Je vais fumer.

Je sens que quelque chose ne fonctionne pas, intérieurement, je suis prise de panique, je réitère plusieurs fois mes questions, en lui précisant que je ne lâcherai pas le morceau, que j'attendrai la vérité quoi qu'il arrive, que je voyais qu'il me mentait. À cet instant, nous sommes à l'extérieur en train de fumer, et Valentin s'écroula sur le sol, perte de conscience. Je suis davantage prise de panique, non seulement, j'étais inquiète de son malaise et de son état, mais j'étais aussi très inquiète dans la mesure où six ans auparavant, nous nous retrouvions exactement dans le même contexte. Valentin avait perdu conscience il y a six ans, sous la pression de cette Émilie qui souhaitait tout me révéler, et à cet instant, il perdait de nouveau connaissance pour je ne sais quelle raison encore.

Dans le fond, je savais ce qui m'attendait. Valentin m'informait donc qu'il était en train d'échanger avec une fille, une ex, avec qui il aurait échangé depuis plusieurs semaines, sur des sujets « lambdas », mais aussi en échangeant sur leurs anciennes relations sexuelles. Je suis désemparée, tout est par terre, j'avais mis cinq ans à me refaire, cinq ans à me guérir comme je l'ai pu, cinq ans à lui refaire confiance, cinq ans à travailler sur moi, sur nous, nous n'étions pas malheureux du tout. En tout cas, rien qui pouvait pousser un mari à tromper sa femme, son fils et toutes les personnes qui étaient présentes lors de notre mariage, lorsque nous prenions l'engagement de nous respecter mutuellement. De mon côté, j'avais moi aussi rencontré un passager spécial, Adam, dont je te parlerai un peu plus tard, qui m'avait mise face à de nombreuses épreuves, sans le vouloir, et je n'ai jamais cédé, jamais je n'ai manqué de respect à Valentin, j'avais je n'ai rompu notre engagement.

Ce réveillon de Noël était donc particulièrement douloureux. Cette pilule-là avait énormément de mal à passer, davantage encore que la première. Non seulement, j'étais convaincue de ne pas tout savoir, mais en complément, cela était le deuxième incident, où Valentin ne me respectait pas. En y pensant, il ne me respectait pas, mais c'est surtout lui qu'il était en train de tromper, c'est à lui qu'il était en train de mentir, c'est lui qui s'infligeait ces moments de douleurs qui le poussaient vers Madame culpabilité. Aucune décision n'était à prendre un vingt-quatre décembre. Une nouvelle fois, j'avais poussé le bouton off pour survivre à cette énième épreuve, et essayer de profiter du premier Noël de notre fils.

Les années se suivent et ne se ressemblent pas, ce n'est pas à toi que je vais l'apprendre, et bien le vingt-quatre décembre deux mille dix-neuf, soit un an plus tard, jour pour jour, me voilà entrain de déposer mon fils d'un an et demi chez ses grands-parents paternels pour respecter ma garde ALTERNÉE. Une année difficile, une année que je n'imaginais pour personne, une année de destruction complète, une année de chamboule tout, une année où ma vie allait une nouvelle fois basculer. Valentin m'offrait le DVD de PS I LOVE YOU pour le Noël, comme si les choses étaient en train de se clôturer définitivement, nous revenions à nos sources. Il est difficile pour un couple de se construire sur les bases que Valentin et moi avions, une trahison, une perte de confiance dès le départ, seul l'amour nous avait maintenus en vie jusque-là, mais la réalité nous rattrape toujours. La vérité éclate toujours.

J'avais eu une année particulièrement difficile, mon corps était abattu, je devais tout recommencer à zéro, travailler de nouveau sur ma confiance en lui, apprendre à accepter l'autre tel qu'il était, et je pense que ce qui m'avait fait tenir jusqu'à cette fin d'année deux mille dix-neuf, c'était ma foi. Ma foi en l'homme, ma foi en l'amour, ma foi en mon engagement à l'église, ma foi en lui. De l'installation à la géolocalisation, jusqu'aux cauchemars la nuit, aux angoisses.

Parfois, dans mes cauchemars, je me retrouvais dans un long couloir, avec une multitude de portes, et derrière chacune d'elles, une femme différente qui me disait : « tu es cocue », « tu es une femme trompée », « il ne t'aime pas », « tu es cocue », ce qui me sortait de mon sommeil, en pleurs, cherchant les bras de Valentin. J'avais tellement peur, tellement peur de ne pas être assez bien pour lui, tellement peur qu'il n'ait pas compris, et qu'il y ait tout un tas d'éléments que je n'avais pas à ma connaissance.

En réalité, je pense que je l'aimais plus que je ne m'aimais moi-même. Je n'étais pas parfaite, c'est une évidence, personne ne l'est, en revanche j'ai toujours cherché à l'être. Tu comprends bien que je devais mettre en place inconsciemment tout un tas de comportements pour faire en sorte qu'il ne parte pas, qu'il ne se désengage pas. Enfin, c'était ma vision des choses à ce moment, aujourd'hui je décide d'en tirer d'autres leçons. J'en avais presque oublié d'être moi-même. Je m'étais perdue sur le chemin de l'amour. Je m'étais abandonné à lui, complètement. Cela devenait de plus en plus difficile de vivre avec ces images, avec ces peurs, ces craintes, ces disputes, ces non-échanges, je voyais bien que lui non plus n'était pas heureux, il vivait de culpabilité, il ne trouvait plus sa place en nous. J'avais donc pris la décision d'écrire une lettre à Valentin peu de temps avant Noël pour lui expliquer mes sentiments, mon mal être, et mettre fin à cette relation aussi forte, que fragile. Nous étions arrivés à un tel stade, nous avions pris une telle distance.

En novembre, nous avions tout de même tenté une séance de thérapie, qui n'avait abouti à rien, entre autres de mon fait d'ailleurs. J'étais éteinte, sans force, à ce moment je n'en avais plus envie, j'étais fatiguée, livide, j'étais déjà parti. Valentin était en plein burn-out, ses trois piliers de vie étaient mis à mal, sa femme était en train de partir, il était rongé par la culpabilité, il saturait du travail, n'avait plus d'activité personnelle, lui non plus n'existait plus. La seule chose qui nous maintenait en vie ensemble ou individuellement c'était Arthur, mon petit passager, ou plutôt mon second commandant de bord. Il fallait que l'on respire de nouveau. Après de multiples soirées à échanger, à faire le bilan, nous prenions la décision de nous séparer. Nous permettre d'être libres, de respirer de nouveau, de nous laisser la chance d'être heureux séparément, et surtout de ne plus être rongés par des sentiments toxiques. Nous prenions alors la décision, sans hésitation, de partager la garde d'Arthur une semaine sur deux. Valentin restait temporairement dans la maison que nous avions achetée trois mois auparavant, sans doute, en espérant un nouveau souffle, et moi je faisais des allers-retours chez maman, en remplissant et vidant ma grosse valise rouge chaque semaine. Les premières séparations avec Arthur furent terribles, un vide intersidéral. Nous n'avions pas le choix, il valait mieux aussi pour lui que ses parents soient heureux autrement, plutôt que malheureux ensemble. Quelle image de famille aurions-nous renvoyée à notre fils ? Quel exemple d'amour ? La liberté a un prix, lorsque tu choisis tu renonces, quoi que tu fasses tu dois apprendre à gérer la frustration car tu ne peux pas tout avoir, et tout un tas de morales que je me suis répétées pour passer le cap du DIVORCE. La maison s'est vendue rapidement, en deux mois à peine, nous avions alors réservé chacun une nouvelle location comme cocon temporaire.

Quelques semaines plus tard, nous prenions le temps d'expliquer à Arthur la situation, même s'il était petit, il nous semblait important de lui donner du sens, papa et maman n'étaient plus amoureux. Explication simple, explication courte, pour justifier le lit de papa installé au milieu du dressing, et le lit conjugal pour maman, maintenant équipé d'un seul oreiller. Lorsque j'expliquais les choses à Arthur mes lèvres tremblaient, j'étais partagé de plusieurs sentiments, la colère, la fatigue mentale, la tristesse, les regrets, l'injustice et surtout je devais apprendre à composer avec Madame culpabilité. J'imposais une chose terrible à mon enfant, et nous nous imposions aussi une douleur terrible. Quand est-ce que tu t'imagines faire un enfant, et en profiter 26 semaines par an. La moitié d'une vie, pour une histoire de fesses en l'air, pour une histoire de non-dits, pour une histoire d'amour exceptionnelle réduite au néant.

Il y a quelques lignes, je t'expliquais que la vérité se sait toujours, eh bien deux mois après notre séparation, j'apprenais que j'étais trompée avec deux autres femmes encore, enfin… il échangeait avec l'une d'elles a priori sans grande ambiguïté, juste du jeu, puis une seconde femme, qui n'était qu'une connaissance de notre groupe d'amis, et chez qui il se rendait par matinée ou après-midi en posant des RTT, il était « juste à poil dans un lit pour quelques préliminaires ». La première année, avant grossesse, pendant grossesse, après la naissance d'Arthur. Je regardais les photos, et c'était comme si plus rien n'était vrai, comme si j'avais vécu une vie remplie de fausseté, mensonges, comme si tout était remis en cause. Et la vérité, c'est qu'effectivement tout a été remis en cause et que notre histoire ne pouvait plus durer, je ne pouvais plus vivre ainsi. On m'a souvent dit « il y a l'amour et le respect, choisis toujours le respect ». Eh bien, j'avais fait mon choix. Pourtant, j'étais persuadée qu'il m'avait aimée, et je pense toujours que Valentin m'a aimée, je pense toujours être le plus bel amour de sa vie.

Je me suis souvent demandé ce que j'avais fait pour mériter cela, je me suis souvent demandé où avaient été mes faux pas, je me suis souvent rendu coupable de ces actes en me flagellant, en me réduisant, en me disant que je ne devais pas être assez bien, belle, femme pour lui. Je me suis, depuis le départ, en quelque sorte, rendue responsable de ses actes ; l'aimer lui plus que je ne m'aimais moi-même ne m'a pas aidé à prendre le dessus, et ne m'avait pas facilité la tâche. À quoi servait donc cette étape de ma vie ? Pourquoi cette épreuve faisait-elle partie de mon destin ? Si tant est que le destin existe. Eh bien, j'ai maintenant la réponse.

Il est important dans chaque relation amicale, sentimentale, dans le travail, de s'aimer soi-même coûte que coûte, se respecter, apprendre à dire oui aux autres sans se dire non à soi-même, à réaliser que la seule personne avec qui tu es toute ta vie c'est toi même, et que personne mieux que toi ne peut prendre soin de ton cœur, ton corps et ton esprit. Que personne ne mérite d'être trahi, et que tu as toutes les ressources en toi pour faire face aux épreuves de la vie. Nous avons tous besoin de quelqu'un dans notre vie, car je suis convaincue que la vie est plus belle et riche lorsqu'elle est partagée, en revanche pas à n'importe quel prix. La liberté, le bonheur, l'amour a un prix, mais jamais celui de te laisser tomber, jamais celui de manquer de considération pour toi même, jamais celui de ne pas prendre en considération l'enfant qui est en toi, jamais celui d'aimer les autres plus que toi même. Je mérite de m'aimer, tu mérites de t'aimer, et comme cela nous nous aimerons de la plus belle des façons, dans un respect profond.

J'ai donc pris le parti, de ne plus être en colère contre Valentin, car j'ai besoin d'apaiser mon cœur, d'apaiser mon esprit, j'ai besoin de sortir ces rancœurs pour m'autoriser à être heureuse. J'apprends à m'aimer, comme je suis devenue, après tout cela, en acceptant, en pardonnant. J'aimerai Valentin toute ma vie, il a été jusqu'à ce jour, ma plus folle aventure sentimentale, il est et restera le premier amour de ma vie, et si cette histoire n'avait pas existait jamais je n'aurai compris ces leçons, et jamais je n'aurai sans doute appris à m'aimer.

Pour toute notre histoire, pour tous ces présents, pour toutes ces émotions que j'ai pu vivre qu'elles aient été fausses ou non, pour le mariage que j'ai vécu quand d'autres rêvent de porter une robe de mariée toute leur vie sans que cela n'arrive jamais, pour l'enfant qu'il m'a donné quand des femmes stériles pleurent un enfant, pour l'expérience de vie, pour toutes ces leçons, pour tous les amis que j'ai rencontrés et qui sont encore dans mon train, pour son soutien lors des moments difficiles, pour la liberté que j'ai eue durant ces sept années, pour l'intelligence de la séparation, pour la vie qu'il offre à notre enfant, mon respect pour lui sera éternellement présent.

Ma vie d'avant, notre vie d'avant, similaire à un grand huit, similaire à la tour infernale, similaire à la maison hantée, restera gravée dans ma mémoire, dans mon cœur, mais doit maintenant laisser place à quelque chose de vieux, quelque chose de neuf, quelque chose de prêté, quelque chose de bleu, des ingrédients porte-bonheur pour un mariage définitif avec moi-même.

Passager n° 3
Adam
Un ami, un amant, un amour…

À toi, Adam

« Parfois, on rencontre des gens qui nous ressemblent et cela nous fait du bien. » J'étais loin d'imaginer comme ce dicton pouvait être vrai, j'étais loin d'imaginer que ce passager allait bousculer ma vie, ou même me pousser à prendre des virages à trois cent soixante degrés. Un nouvel homme dans ma vie prenait une place, à sa manière et sans vraiment le vouloir, c'était un matin de décembre deux mille quatorze.

Après l'obtention de ma licence en ressources humaines, j'obtenais mon premier poste dans ce domaine au sein d'une agence de travail temporaire, j'étais chargée de clientèle, j'avais vingt et un ans. Mon métier consistait à démarcher des entreprises locales, dans le but de leur proposer mes services en recrutement, l'idée étant de répondre à leurs besoins en personnel. J'avais à charge l'intégralité du secteur de Douai, dans le Nord de la France. Nous étions une belle équipe de drôles de dames, nous étions quatre, et étions toutes motivées. J'étais fière de cette entreprise, des services que nous proposions, de notre équipe, et surtout je faisais les choses avec goût, énergie, et engouement.

Ma responsable de l'époque, Paula, une passagère encore présente dans le wagon huit, m'avait missionné sur le développement des accords nationaux. J'avais un fichier avec des accords commerciaux négociés au préalable, en résumé, je n'avais qu'à provoquer la rencontre avec les décideurs, les mettre en confiance et obtenir des besoins. Aucune négociation à prévoir, de quoi démarrer ma carrière assez facilement. Ayant fait un court passage dans la grande distribution, j'avais eu à cœur de développer l'accord Auchan SRS, qui comprenait de grandes enseignes comme Décathlon, Auchan, Leroy Merlin, Kiloutou. Je n'avais pas froid aux yeux, je démarchais toutes les entreprises possibles pour forger mon discours, pour m'entraîner et surtout réussir. C'est d'ailleurs ce qu'il s'était passé le jour de ma rencontre avec Adam.

Adam était responsable de l'agence Kiloutou de Douai, une agence plutôt moyenne, assez vieillissante, avec cette façade Jaune et Noir, au couleur du logo de l'entreprise. J'arrivais ce jour-là, complètement déterminée à rencontrer mon fameux « décideur ». J'entre sur le parking, avec ma petite Twingo vert pomme de l'époque, peu de places pour se stationner, de nombreux engins autour de moi, et cette petite boule dans le ventre, la même sensation qu'avant d'entrer en scène. Je sors de la voiture, avec mon calendrier sous le bras, mon sac dans l'autre main, je soupire, souris et entre en scène.

Je m'avance, les portes de l'agence s'ouvrent, je me sens confiante, je m'approche du guichet d'accueil et m'adresse au commercial tout à fait disponible à m'accueillir.

« Bonjour, Charlotte, chargée de clientèle, je souhaiterais rencontrer la personne en charge des recrutements, s'il vous plait. »

« Bien sûr, je vais voir s'il est disponible », m'a-t-il répondu.

J'ai patienté pendant quelques minutes, et n'étant pas patiente, ces minutes me paraissaient toujours trop longues, seulement, l'adrénaline des débuts ne faisait qu'augmenter. De quoi être performante lors de notre potentiel rendez-vous. J'entends à ma droite, une voix plutôt très masculine, ferme, posée et dominante. Mon cœur s'accélère quand je comprends qu'il allait me recevoir. Les premiers rendez-vous de ton démarrage professionnel ont toujours une saveur particulière.

À cet instant, je vois une boule d'énergie sortir du bureau, un homme d'un mètre quatre-vingt-trois ou un peu plus, châtain clair, des cheveux fins, les yeux bleu, vêtu d'un polo gris floqué Kiloutou, un jean assez près du corps, des pompes de sécurité avec quelques traces d'un passage sur chantier qu'il avait sans doute fait très tôt le matin même. Je m'arrête précisément sur ce polo gris, qui met en valeur sa musculature parfaitement dessinée, des bras à tomber par terre, un polo qui laisse entrevoir des tablettes de chocolat, et un sourire… Colgate. Un sourire qui renvoie enthousiasme, gaieté, joie de vivre et énergie. Autrement dit, à ce moment je me suis dit : « quoi de plus agréable d'être accueillie de cette manière, et en plus c'est un régal pour les yeux ».

L'entretien a duré une bonne heure, j'ai exposé mes services, j'ai présenté mes outils, avec une énergie folle, j'ai laissé peu de place pour comprendre finalement quels étaient ses besoins en personnel, mais j'étais convaincue de mon sujet. Lui était complètement en écoute. C'était tellement agréable de sentir une personne à l'écoute de ce que j'avais à déballer, avoir une personne qui rebondissait sur mes propos, qui posait toute une flopée de questions, avec une telle assurance. Je salue Adam, le remercie pour notre échange, lui indique que je reviendrai vers lui dans quelques jours ou semaines pour faire le point sur ses besoins et sur son ressenti suite à notre rendez-vous. Je remonte dans ma fameuse pomme et je rentre à l'agence. J'étais tellement fière de mon rendez-vous, j'étais certaine d'avoir été convaincante, et convaincue d'avoir donné envie de travailler avec notre belle équipe. Au passage, nous avions déjà tissé du lien en nous racontant nos contextes de vie respectifs, j'étais en couple avec Valentin, lui avec Mathilde, et nous étions heureux dans nos vies. Le tissage de lien avec les clients était pour moi une vraie différence pour fidéliser nos relations de travail. Et je ne m'étais pas trompé sauf que…

Je rentre en agence et rédige mon mail habituel de remerciement à Adam, j'ai une réponse presque instantanée, ce qui me conforte dans le fait d'avoir réussi mon entretien. Je termine ma journée de travail sur une note très positive, et décide de reprendre la route pour rejoindre Valentin. À la maison, la première tromperie n'était pas bien loin, puisque je l'avais apprise à peine six mois plus tôt. La communication est toujours assez difficile entre Valentin et moi, mais nous nous aimions éperdument, donc nous sauvions notre histoire. Nous passions notre soirée devant NETFLIX, comme de nombreuses soirées ensemble, et allions nous coucher pour mes fameuses sept heures de sommeil, sans lesquelles je suis complètement « dans le gaz ».

Au petit matin, je ne me sens pas très bien et suis interrogative, des tas de rêves, Valentin me trompait, avec plusieurs femmes, et je rêvais d'un acte sexuel que j'avais avec Adam. De quoi être perturbée pendant quelques heures et m'interroger sur ma situation. Je suis plutôt du genre à analyser mes rêves, en me disant qu'ils m'envoient des signes, plutôt que de les ignorer. Avantage ou inconvénient ? Toute la suite de mon histoire allait répondre à mes questions.

Les mois ont passé, j'ai vu Adam régulièrement dans le cadre de rendez-vous professionnels, rencontres en repas d'entreprise, club de réseautage, passage succinct en agence pour lui afin de me déposer des documents, et régler les soucis de paiement de facture de son entreprise. Nous échangions des mails professionnels, mais toujours de manière sympathique, enthousiaste et engagé dans nos travails respectifs. Et puis un jour, après un fameux point client, nous avions décidé de fumer une cigarette à l'extérieur du bâtiment quand je lui révélais avoir rêvé de lui, très naïvement et innocemment d'ailleurs, sans me rendre compte de la portée que mes propos allaient avoir. De quoi l'interroger et le faire sourire mais sans grand impact sur l'instant.

Au fil du temps, notre lien s'est renforcé, nous nous confions l'un à l'autre sur nos vies, nos passions, nos histoires, notre bien être comme nos petits malheurs. Je lui partageais quelques morceaux de musique par mail, quand lui me ramenait des porte-clés de ses vacances au ski. Ce petit porte-clés était gris et rose, une paire de skis entrelacés, j'avais été touché de l'attention, et c'est un présent qui me reste dans la tête car je ne m'y attendais pas du tout. À l'époque, je commençais à sentir que les choses n'étaient pas si « justes » qu'elles en avaient l'air. Nous avions des contacts téléphoniques assez réguliers, sans ambiguïtés, mais chargés de « non-dits ».

Puis le temps nous a éloignés, je faisais ma vie, j'avais décidé de me marier, même si dans nos échanges fréquents j'avais confié à Adam être en doute, par peur que le schéma de tromperie recommence. Adam lui avait été muté sur un autre agence KILOUTOU, proche de Valenciennes, quand moi j'intégrais l'agence de Béthune. La relation amicale et professionnelle avait été forte, remplie de sincérité, et partage, de nombreux « non-dits », de la tentation à commettre l'irréparable pour notre propre estime, mais nous avions toujours gardé notre cap et notre droiture par respect pour les personnes vivants auprès de nous. Et nous avions bien fait car de belles aventures nous attendaient.

Janvier, février, mars, avril, mai, juin, juillet ses vacances, août, septembre mon mariage, octobre, novembre, décembre, une séparation pour lui laissant place à une rencontre avec Alexandra, une continuité de relation pour moi avec un achat de maison et un projet bébé. Les mois défilaient… et nous avancions avec un regard toujours présent sur l'autre avec bienveillance et respect. Nous nous écrivions encore, mais moins régulièrement, quelques échanges de photos banales de temps à autre, et je me souviens de cette fameuse phrase qui sortait systématiquement : « Tu es heureux ? » « Tu es heureuse ? » Avec en toute honnêteté à la fois l'envie que l'autre nous dise que tout va bien, mais aussi que l'autre nous réponde non ça ne va pas je lâche tout. Difficile d'avoir le béguin pour une personne quand tu as le cœur déjà pris, et cette sensation que tu n'es peut-être pas à la bonne place dans ta propre vie. C'est pourtant le choix que nous étions en train de faire, avancer ainsi, en cherchant l'équilibre et le bonheur chacun de notre côté. Une belle rencontre, riche, qui finalement mènera à une belle amitié durable et sincère.

Les mois passèrent, Adam avait pris la décision de changer de vie, et d'emménager à Aix les bains, en Savoie avec Alexandra, je l'avais appris bien plus tard par un échange mail de prise de nouvelles. De mon côté, j'étais enceinte, j'attendais un petit garçon, j'étais heureuse et je me sentais bien dans ma peau. Seulement, à chaque fois, que j'entendais Adam en ligne, le sentiment, de rater quelque chose, le sentiment de nouveau de ne pas être à ma place, et de ne pas avoir « ce qu'il fallait à la maison » sauf que « le bonheur c'est de continuer à désirer ce que l'on possède ». J'en étais convaincue, c'est pour cela, que je ne fautais pas, que je ne révélais pas complètement mes ressentis à Adam, que je continuais comme je le pouvais et avec toute la complexité de notre histoire avec Valentin à entretenir mon couple et avancer en respectant mes choix. Seulement, dans tous mes moments de doutes depuis la première tromperie, le prénom Adam était de sortie, mon passager Nico, pourrait te le confirmer. Sans connaître Adam, je ne pouvais avoir que la partie apparente de l'iceberg, c'est-à-dire, retenir : je cuisine avec ma femme, je partage, j'aime échanger et me nourrir de discussions, j'ai envie de voyager, j'aime prendre soin d'elle, j'ai des responsabilités, de l'ambition, j'aime danser… un enchaînement de points tous plus attirants les uns que les autres pour moi. Et surtout, tous les points forts que Valentin n'avait pas.

Je me suis raisonnée pendant plusieurs mois et années ayant conscience du contexte et du risque que je pouvais prendre en alimentant cette relation spéciale. C'est pourquoi j'ai stoppé à de nombreuses reprises nos échanges, en expliquant à Adam que cela venait me perturber et que j'avais besoin de rester connectée à ma vie actuelle, besoin de rester connectée à Valentin malgré mes doutes et mes peurs. Nous étions toujours en phase sur ce choix, et Adam respectait ma décision, mais systématiquement pendant sept années, après plusieurs mois de silence, Adam et moi revenions l'un vers l'autre, par un appel, pour prendre de nos nouvelles. Comme si cela était plus fort que nous, et ça l'était. Il y avait une connexion inexplicable entre nous.

En décembre deux mille dix-huit, j'apprends un nouvel écart de la part de Valentin, pas de preuves d'un acte sexuel… et tu connais l'histoire si tu n'as pas été tenté de lire le passager n° 3 avant le passager n° 2. J'étais en train de vivre une nouvelle épreuve, les mois qui ont suivis n'ont pas été simples, et comme à son habitude, Adam faisait surface, dans mes moments difficiles. Nous avions donc échangé ensemble sur l'avancement de nos vies, je communiquais mon désarroi à Adam de cette nouvelle épreuve, il en était désolé, car de son côté tout allait plutôt bien. La montagne lui plaisait, son rythme de vie, sa conjointe, ses projets, ses voyages, son évolution au sein de Kiloutou. Eh oui, Adam ne faisait pas les choses à moitié en plus de changer de vie en changeant de région, il en avait profité pour obtenir une promotion interne. Sa vie coulait… il était heureux, mais pas épanoui, en tout cas c'est ce qu'il me confiait à l'époque. Alexandra était tellement différente, sa vision d'elle était plutôt une femme non entreprenante, qui se laissait un peu vivre, et qui ne rebondissait sur aucun sujet, qui ne le nourrissait pas. Effet miroir ? Reflet ? Adam et moi avions tendance, il est vrai, à ne jamais être satisfaits, et à toujours vouloir grandir, passer un cap, évoluer, être encore plus heureux, une vraie quête du bonheur absolu. À ce moment-là, j'étais incapable de me dire que le bonheur, c'est une succession de petites choses, il est partout là où tu veux bien le voir, et que nous sommes seule responsable de celui-ci.

Un jour de septembre deux mille dix-neuf, Adam partait en week-end avec des potes, un week-end exclusivement masculin pour une déconnexion complète. Il devait donc remonter dans le Nord de la France. J'étais moi, dans une journée de travail plutôt classique, entourée de ma superbe team, je n'étais plus chargée de clientèle à Douai, mais responsable de l'agence Bethune, j'en avais moi aussi profité pour évoluer au sein de mon entreprise. Je suis en train de rédiger un mail, quand j'entends une voix plutôt très masculine, ferme, posée et dominante, je tourne la tête et là j'aperçois Adam… dans mon agence… Cela fait au moins cinq ans que nous ne nous sommes pas croisés, cinq ans, c'est long quand on s'apprécie et que l'on aime partager. Je me précipite vers lui, quel bonheur de revoir cette petite tête d'ange et de démon, je l'invite dans mon bureau, il m'informe avoir quelques minutes à m'accorder, avant de reprendre la route pour son départ en week-end.

Un temps, deux temps, trois temps, du silence, des regards, et quelques questions après avoir réalisé que Adam et Charlotte étaient dans la même pièce à cet instant précis. « Comment vas-tu depuis tout ce temps ? » « Tu n'as pas changé, toujours aussi souriant », « Que fais-tu là ? » pour finir sur nos questions existentielles « Es-tu heureux ? » « Es-tu heureuse ? ».

Seulement cette fois-ci, ces questions sont restées sans réponse… Adam était en mode relax, il avait des chaussures aux pieds que je détestais, d'ailleurs si je te le précise c'est que c'était vraiment quelque chose qui m'avait marqué, mais enfin… passons, je lui ai juste glissé avant son départ « super tes shoes, amuse-toi bien et prends soin de toi », à cela Adam m'avait répondu « prends soin de toi aussi, merci, et sois forte ».

Adam ne le savait pas, mais je n'en pouvais plus d'être forte, cette phrase m'a chamboulé car je ne comprenais pas vraiment pourquoi il me l'avait dite. Pour une fois, j'avais envie d'être faible, j'avais besoin de lâcher prise, c'était une question de survie, cela faisait plusieurs mois et années que je luttais pour me sentir heureuse et sortir la tête de l'eau, me libérer de tous ces boulets, et sortir de mon cachot. Ce qui avait frappé Adam, c'était que j'avais beaucoup maigris, je me ternissais de jour en jour, il faut dire que les nuits courtes d'une jeune maman ne sont pas simples à tenir, que mes cauchemars me réveillaient très fréquemment, et que j'avais beaucoup de mal à me remettre de la dernière épreuve avec Valentin. En complètement, je m'étais beaucoup d'énergie dans mon travail, mon pilier de vie le plus stable à l'époque.

Sa venue a bousculé toute la suite de notre histoire, car lui comme moi avions décidé d'être faibles, de lâcher prise, nous ne savions pas si c'était le moment ou non, mais nous écoutions simplement nos envies et ressentis du moment. À cet instant les échanges furent quotidiens, réguliers, nous allions à la recherche de messages, attentions, rien d'engageant mais de quoi perturber toute notre vie « en place », car ces « non-dits » laissaient place à toute notre imagination.

Le contexte à la maison était de moins en moins tenable, Valentin était dans un silence important, et moi dans une étape de fatigue avancée, dans un relâchement, dans une saturation. Tous nos sujets quotidiens prenaient de plus en plus de place, et tout à coup le ménage non fait était plus visible, les repas préparés seule me laissaient de marbre et en déception prononcée, la charge mentale de la prise en charge quotidienne commençait à m'étouffait. Nos relations intimes n'étaient déjà plus naturelles auparavant, nous étions marqués par notre histoire, tous les deux. Lui vivait avec la culpabilité et le manque d'estime pour lui, quand moi je vivais avec de la colère et de la non-digestion. C'est donc naturellement que nos moments d'intimité laissaient place à deux pauvres croix dans le calendrier. Le constat était douloureux, et Adam me consolait de tous mes ressentis, et m'aider sans le savoir à partir petit à petit… à m'éloigner de ce qui me semblait devenu toxique, le bandeau que j'avais sur les yeux depuis quelques années était en train de tomber.

Le couple de Adam ne battait pas la chamade, il était rempli de doutes, rempli d'incertitudes, de non-communication, de malaises, et forcément pour Adam, d'interrogations fortes sur ce qu'il pouvait ressentir pour elle et pour moi. Nous souhaitions nous revoir très vite pour passer davantage de temps ensemble, et nous avions fixé une rencontre en novembre. En attendant, nous étions, selon le « nous » de l'époque, en train de nous poser les bonnes questions sur nos situations respectives.

Les jours passaient, Valentin et moi avions décidé de nous séparer, une étape plus que difficile à vivre, un chamboulement de vie, une tempête. J'avais écrit une lettre à Valentin pour lui poser les mots, pour mettre du sens à ma décision. J'ai réfléchi et pensé les choses en occultant un maximum Adam. Il était important pour moi et mon avenir, d'écouter ce qu'il se passait à l'intérieur, je voulais arrêter de lutter, arrêter de penser que je n'étais pas suffisante pour lui, qu'en étant moi-même il ne pouvait que me tromper. Cela n'était plus tenable, j'étais en pleine overdose, et je m'étais « presque » intoxiquée toute seule en restant malgré ces fautes. J'avais tout de même cette fierté d'être allée au bout de moi-même par amour, cette richesse d'avoir essayé de pardonner, d'avoir aimé pleinement et pour n'importe quel prix, d'avoir sauté d'une falaise de trente mètres, d'avoir nagé avec les requins, d'être passé dans une tornade et en être ressortie, de m'être allongée sur les rails d'un train en partant trois secondes avant son arrivé… J'ai toujours eu le goût du risque, il nous apporte des sensations folles qui nous rendent vivants, mais à contrario, il n'apporte pas la sérénité dont j'avais profondément besoin. Je n'avais pas encore compris à ce moment que j'étais la seule personne qui pouvait me rendre sereine, et que ma sérénité ne pouvait dépendre de personne, j'en attendais beaucoup de l'autre. Lorsque l'on attend, nous ne pouvons qu'être déçus, alors que si nous nous apportons tout ce dont nous avons besoin nous-mêmes, tout ce qui nous ai offert n'est qu'un complément d'amour et de bonheur. Ma relation à Adam allait une nouvelle fois me le prouver.

Adam lui, jalonnait dans sa situation, mais il était convaincu de ses ressentis pour la vraie moi, ou alors le « moi » qu'il avait construit dans sa tête tout au long de ces sept années. On ne connaît jamais l'autre vraiment, mais entre côtoyer une personne par téléphone et côtoyer une personne quotidiennement ou presque, le fossé peut être lourd de conséquences.

Nous sommes en novembre, et nous avions prévu de nous voir le vingt-six en profitant de ma descente à Charleville, pour un audit professionnel. Habitant à Aix les bains, les choses n'étaient pas si simples pour se revoir, ce prétexte était la meilleure des occasions. J'étais donc séparé de Valentin, et Adam avait une situation ambiguë. J'arrive après quatre heures de route à destination de mon hôtel vers dix-huit heures trente, un hôtel Kyriad, une devanture plutôt jolie, j'ai toujours aimé les déplacements, une aventure à chaque fois, le sentiment de liberté « on the road ». Adam me rejoignait entre dix-neuf heures et vingt heures. Je reçois un SMS, il était arrivé, prêt à descendre de son véhicule. J'étais en bas du bâtiment, face à l'accueil, je fumais une cigarette. J'étais tellement nerveuse à l'idée de le revoir… cela faisait plusieurs jours que nous avions installé des J-… la pression ou l'excitation était donc présente. J'avais un sentiment malaisant tout de même, je n'étais plus du tout en contrôle de moi-même. Comme ci mon « cerveau était déconnecté » pour me permettre de vivre les choses avec plus de légèreté. Même si la séparation était actée avec Valentin, je me demandais ce que j'étais en train de faire, d'autant plus que la situation d'Adam n'était pas claire. Mais ce qui était évident, c'est que je mourrai d'envie de passer du temps avec Adam, hors téléphone, j'avais envie d'approfondir nos échanges et apprendre à le connaître réellement. Lors de nos retrouvailles, une simple bise de principe, et de grands sourires, nous étions tous les deux nerveux et cela se sentait.

Pour pouvoir profiter de la soirée, et pour rester dans notre bulle, nous avions décidé de commander notre repas, et de le savourer dans ma chambre d'hôtel. Au programme, pizza et bière, rien de plus classique, un repas simple à l'image de ma personnalité, cela m'allait bien, aucune « furniture ». Adam avait pris quelques années, mais il restait toujours aussi beau, souriant, énergique et à l'écoute, j'adorais cela. Nous avons échangé pendant de longues heures, sur nos vies, nos métiers, nos parcours, nos histoires sentimentales, nous avions passé énormément de sujets en revue. Adam me questionnait beaucoup, j'avais le sentiment que l'on s'intéressait à qui j'étais, que l'on se préoccupait de moi, je me sentais de plus en plus à l'aise en sa présence. Et j'étais prise d'une passion pour nos échanges, nos regards, et pour la présence inévitable de tous ces « non-dits ». Des prises de main régulière, j'allais chercher le contact, je suis une personne tactile, j'aime sentir les gens, et c'était décuplé avec Adam.

Il était l'heure de dormir, il était déjà une heure du matin, et je devais me lever à six heures le lendemain. J'avais passé une soirée incroyable, simple, riche d'échanges et je me sentais bien dans ce cyclone de vie que j'étais en train de vivre. Nous avions prévu que Adam reste dormir avec moi, avec en prévision du respect pour tous. Sauf que… nous savions pertinemment que nous étions deux adultes en manque d'amour et d'affection, et que nous nous plaisions. La soirée ne s'est donc pas stoppée à une heure du matin mais bien plus tard après un acte charnel digne d'un film. Cela faisait plusieurs mois et années que je m'étais perdue à ce niveau, la première tromperie de Valentin m'avait généré des « blocages », à lui aussi d'ailleurs, je ne portais plus de lingerie, je n'étais plus si ouverte aux découvertes, et je ne prenais plus mon temps… Il est difficile pour moi de l'avouer, mais effectivement nous ne pouvions plus ni lui ni moi être épanouis à ce niveau tant nos blocages étaient présents. Ce moment avec Adam n'était donc pas un simple moment charnel, non seulement, nous avions une attirance cachée depuis plusieurs années, mais en plus toutes mes papilles étaient activées. Les aventuriers de Koh-Lanta ne savourent pas un hamburger de la même manière après trois ou trente jours d'aventure, une cigarette n'a pas la même saveur après quatre ou dix heures d'abstinence, je sais la comparaison est risible, mais il est important que tu visualises le sentiment que j'avais. Je redécouvrais toutes les sensations du plaisir à deux, le partage, les regards, les rires, la maladresse d'une première fois, les caresses, les compliments, une nouvelle odeur, un nouveau corps à première vue beaucoup plus protecteur, des sensations, des lèvres mordillées, une façon de déshabiller, tous mes sens étaient en ébullition. Il y avait à la fois de la tendresse, de l'énergie, comme de la rage, d'ailleurs, j'avais réussi à me prendre un coup de tête sur la lèvre, ce qui m'aura valu une blessure pendant quelques jours. Grand moment de fou rire, je redécouvrais que l'amour pouvait être un jeu complètement débridé. Adam était en plus du genre très entreprenant, alors vraiment imagine le film où le mec te porte comme une princesse, te regarde, te dit que tu es belle, te procure un, deux puis trois orgasmes dans un seul acte, tout cela après des semaines, des mois, des années, où cette femme joueuse et sauvage est enfermée à double tour. C'était pour moi, un moment complètement suspendu, un moment où plus rien n'existait, où le temps s'arrêtait comme défilait à une vitesse folle. Je m'endormais de fatigue, le cœur un peu plus léger, avec la peur d'être demain, mais avec un sentiment d'avenir à l'horizon, j'avais senti cette connexion.

La nuit finalement n'a pas été bonne, l'hôtel était miteux, des bruits de camions, trains, en permanence, il faisait froid, et le lit n'était pas très confortable. En toute honnêteté, je n'en avais rien à faire… j'avais passé une nuit incroyable. Adam est parti au petit matin, peu de temps avant moi, j'avais peur de ne plus avoir de ses nouvelles, j'étais déjà accrochée comme une moule à son rocher, et j'avais tellement peur qu'il me laisse et que tout cela soit simplement un rêve de gamine croyant au prince charmant. Nous nous sommes dit au revoir, le cœur un peu lourd, car nous ne connaissions pas la suite de l'aventure. La porte de la chambre d'hôtel se referme, quelques minutes plus tard, je reçois un appel de Adam, me disant : « je ne souhaite pas que tu t'inquiètes, je suis là », à cet instant je me suis dit qu'il avait tout compris. Toutes les actions se faisaient naturellement, et il avait su trouver les mots pour apaiser mes craintes sur l'avenir. Adam n'était tout de même pas très à l'aise avec la situation, il avait commis cette nuit-là, tout ce que j'avais subi pendant plusieurs années, il était déjà rongé de culpabilité, quand moi je me sentais aussi coupable de « voler » leur histoire en quelque sorte. Ce qui nous maintenait, c'était l'amour que nous pouvions ressentir l'un pour l'autre, comme l'accomplissement d'une histoire rêvée, d'une histoire attendue.

Les semaines passaient et nous communiquions chaque jour, par téléphone, par mail, ils nous arrivaient même de nous appeler en visio et en silence, juste en se regardant. De mon côté, la séparation était instaurée, nous nous étions donné des codes de conduite pour assurer une colocation saine :

Règle n° 1 : Ne faire venir aucun homme ou femme sous ce toit.

Règle n° 2 : Ne poser aucune question sur les faits et gestes de l'un ou l'autre.

Règle n° 3 : Continuer de se respecter et communiquer le plus sainement possible.

Ces semaines avaient été vraiment lourdes, et pesantes, car même si nous avions acté les choses, l'amour était tout de même encore présent, et il fallait commencer à apprendre à vivre sans l'autre. Adam lui prenait la décision de quitter Alexandra une ou deux semaines plus tard. Il ressentait des nausées, n'était plus du tout à l'aise chez lui, souffrait du contexte, à quelques jours de Noël. Officiellement, une fois nos ruptures engagées, actées, nous décidions de nous lancer dans notre aventure, d'amour à distance, et Adam ne verbalisait encore aucun souhait de remonter dans la Région. Nous prenions nos moments, comme ils venaient, et Dieu sait que ces moments étaient excitants : des soirées restaurants puis hôtel à deux heures du matin à l'improviste sans vêtements ni même de brosse à dents, des trajets de quatre heures pour se retrouver à mi-distance vers Troyes pour réduire les trajets et dormir dans un nouvel hôtel, des vacances improvisées à Eindhoven, dans les Pays-Bas... Nous n'avions pas de cartes de fidélité pour les hôtels, mais nous aurions presque pu nous en procurer.

Les vacances aux Pays-Bas m'avaient fortement marqué, un séjour dans un center parc, isolés de tout, la distance avec Arthur me pesait énormément, mais j'essayais de profiter du moment présent. Nous n'avons pas manqué d'activités, visite du centre de la ville, parties de cartes, sortie running, piscine, de nombreuses discussions, l'organisation des prochains rendez-vous, en espérant nous voir le plus possible malgré nos contextes de vie respectifs. Il est vrai qu'entre ma séparation et tous les changements que cela allait engendrer, ma garde alternée déjà en place, la distance : juste huit cents kilomètres, nos travails, la vie quotidienne, ce n'était pas tâche facile de pouvoir se retrouver. Il y a une soirée qui m'a marqué particulièrement dans ce séjour, je te laisse imaginer une soirée d'hiver, avec une belle chaleur dans notre cottage, une raclette, une ou deux bouteilles de vin blanc, de la musique de Paul Kalkbrenner plutôt électro, de quoi se dévergonder un peu et mettre le cerveau en off. Nous avons bu, mangé, ri, dansé comme deux malades dans notre vingt mètres carré, j'ai fini la soirée en dansant en soutien-gorge sur la cheminée du cottage, quand Adam me dévorait des yeux, enfin quand il arrivait à les laisser ouverts, en continuant de danser. Un nouveau moment charnel, doux, sauvage, nouveau, où je redevenais une femme, où nous nous sentions heureux de vivre, et où nous nous sentions vivants. Nous terminions le séjour par une soirée cocktail, où un groupe de musiciens jouait, le temps s'arrêtait enfin dans notre tête car la dure réalité était que le lendemain nous repartions chacun dans notre vie réelle séparément… Moi pour un déménagement dans une nouvelle location, lui pour le déménagement de son ex, étant propriétaire de son appartement.

Le retour fut difficile. Il fallait accepter nos colocations respectives avec nos ex, non sans mal ou peurs, accepter d'être tombé amoureux et de ne pas être ensemble. J'étais loin de m'imaginer que les semaines suivantes allaient me réserver de nombreuses surprises. Adam commençait à changer de comportement lorsqu'il se rendait compte que toutes ces contraintes n'étaient pas si simples à vivre et que la construction allait être plus difficile que prévu. Il sortait en boîte de nuit, me contactait en étant saoul, à distance, en pleine nuit, sans donner signe de vie le lendemain ou parfois le sur lendemain. Il me disait qu'il souffrait de la distance, qu'il avait du mal à gérer cette situation, qu'il avait besoin de décompresser, au point de ne pas savoir ce qu'il foutait dans sa caisse dénudé les lendemains matin de bonne cuite entre amis. J'étais dans l'incompréhension totale, l'alcool ne me rassurait pas du tout, cela tu le comprendras quand je te présenterai le passager n° 4, papa. Je passais du grenier à la cave en quelques jours ou semaines. Jusque-là, tout était serein et tout tournait au cauchemar et à l'angoisse. Un matin Adam avait décidé de me contacter, il était sept quarante-cinq, pour m'annoncer qu'il souhaitait tout arrêter. J'étais vexée, triste, déçue, tourmentée, dans l'incompréhension mais je venais de rompre de huit ans de relation avec Valentin, nous venions de briser notre famille, j'étais suffisamment forte pour encaisser une rupture de quelques semaines, enfin c'est ce que je croyais…

Adam et moi, c'étaient vraiment les épisodes des *Feux de l'amour*, enfin je n'étais pas encore au courant de cela en février deux mille vingt. Ce qui était réel c'est que je ne souhaitais pas me laisser abattre, et qu'à la suite de notre rupture il fallait que je me prenne en main pour tendre vers une sérénité seule ou en couple.

Épisode 1 : On saute, et on se lance dans notre histoire – novembre 2019.

Épisode 2 : On profite de chaque moment passé ensemble – décembre 2019/janvier 2020.

Épisode 3 : Rupture – février 2020.

Épisode 4 : Aucune nouvelle, le temps est long, la vie a moins de saveurs, et il me manque… – Mars, avril, mai 2020.

Épisode 5 : Je décide de lui écrire, il me répond, et m'exprime qu'il n'est pas prêt à faire des choix comme son nouvel emménagement dans le Nord, que c'est une relation impossible ou plutôt un amour impossible, mais que nous nous reverrons – mai 2020.

Épisode 6 : Les retrouvailles.

Il est important que je m'arrête sur l'épisode six, nous sommes en juin. Adam avait programmé de remonter dans le Nord pour passer un week-end entre amis, et revoir ses proches. Nous avions prévu de nous revoir mais rien n'était sûr, jusqu'à ce fameux jour. Adam était enfin revenu me voir, j'entends sa voiture, il se gare, mon cœur bat la chamade, je n'avais jamais cessé de penser à lui ces derniers mois même si je m'étais fait une raison. Cette sensation de revoir son sourire, de sentir sa présence, j'étais émue, et retournée. J'avais pris soin de choisir mes vêtements, d'être le mieux possible dans ma peau pour l'accueillir sans savoir ce qu'il s'apprêtait à me révéler. À son entrée dans la maison, il y eut un grand silence, nous nous sommes pris dans les bras, et étions tout simplement heureux de nous revoir. Nous avons pris le temps d'échanger, nous adorions cela, échanger du présent, et du passé. Pourquoi avait-il tout lâché en février ? Pourquoi était-il ici ce jour ?

Le passé est difficile à oublier, il fait partie intégrante de nous, et c'est ce qui fait que nous sommes ainsi au présent. Adam était un bon communicant, souvent avec de nombreuses maladresses, mais il exprimait assez bien, de par son niveau d'analyse élevé ce pourquoi il avait fait des choix. Il m'expliquait qu'il avait projeté toute sa vie à Aix les bains, qu'il se voyait devenir père dans cet environnement pour offrir ce cadre de vie à ses enfants, et vivre auprès de la nature. Il était assez idéaliste, et avait eu beaucoup de difficultés à renoncer à cette vie pour me rejoindre et bâtir notre histoire dans un Nord où siège la pluie. Cependant, il se disait prêt à construire désormais, c'est ce qui l'avait poussé à venir. Je ne le savais pas encore mais ce n'était pas la seule raison.

Il avait pendant un fameux confinement national de la COVID-19, en mars deux mille vingt entamé une relation avec une nana de la montagne qui, selon lui, lui apportait une « compagnie ». Il souhaitait que je sois informée de cette relation, puisque cette relation avait été jusqu'à l'acte sexuel. Il me disait m'en informer par respect pour notre histoire. À ce moment précis, je me suis dit, un peu naïvement, qu'il ne manquait pas d'honnêteté, et qu'il méritait que je prenne ce qu'il avait à me donner ou me dire avec respect et recul. Les retrouvailles avaient été riches d'émotions et de ressentis, je ne savais pas bien où j'allais mais mon cœur battait.

Les jours se sont suivis, nous nous sommes revus plusieurs fois, à différents moments de la semaine avant qu'il ne reparte, et la machine était relancée. Des moments intenses, du bonheur, de l'amour, de la joie. Adam et moi vivions des moments charnels dignes d'un film, d'une romance, du Christian Grey en toute-puissance. Nous nous découvrions à la fois en position de dominés ou dominants, respectivement, des sensations que je n'avais jamais vécues en tant que femme. Tout était nouveau, une nouvelle histoire, de nouvelles sensations, de nouveaux sentiments, l'excitation de vivre à distance, le manque, la discussion, les questionnements, la fusion en tout point, Adam était mon reflet. La suite de notre histoire allait me mettre face de belles réalités, de belles vérités, être face à soi-même n'est pas toujours facile.

De juin à septembre, la vie était simple, radieuse, on se manquait, mais nous avions notre perspective : Adam avait pris la décision de remonter dans le Nord pour nous laisser l'opportunité de vivre notre histoire pleinement. Et quel projet, changement d'habitation, changement de cadre de vie, changement de travail, emménagement dans une nouvelle région, ou plutôt un retour aux sources. De nombreux chamboulements pour un Homme. Et nous étions loin d'imaginer la suite. L'été deux mille vingt fut l'été le plus surprenant, excitant de toute ma vie. Nous avions prévu deux semaines tous les deux à Aix-les-Bains, et une semaine tous les trois avec Arthur. Ils avaient une entente fluide et animée ces deux-là… j'aimais beaucoup les voir partager du temps ensemble, et Adam prenait particulièrement à cœur son rôle. Pendant nos deux semaines tous les deux à Aix nous avons enchaînés les moments idylliques : trail en montagne sans entraînement, nuit en chalet, balade en bateau, apéritif sur un bateau au milieu du lac, randonnées, sorties puddle sur le lac du Bourget bleu azur, soirées jeux de société avec jeux d'alcool pour finir en bain de minuit dans le lac, apéritif dans un petit bar illuminé de fanions qui reflétaient dans l'eau, sortie running pour finir en baignade, nous faisions l'amour dans l'appartement, sur le ponton du lac, à l'observatoire de nuit, de jour, tout était parfait, un nuage. Peut-être même un peu trop. À ces moments de pur plaisir, venaient s'ajouter de multiples discussions où notre passé nous rattrapait. Des doutes, des peurs, des craintes, des jugements sur ce qui avait été fait ou non, des soirées où la discussion plaisir devenait une discussion soupir après plusieurs heures de débats. Je me disais à cette époque que cela allait être passager, c'est vraiment ce que je croyais… Après un aller-retour en train pour aller récupérer Arthur, nous voilà de retour tous les trois, semaines riches et différentes, j'étais heureuse d'être avec Adam, et heureuse de voir des étoiles dans les yeux de mon fils face à ces kilomètres de montagnes. Un semblant de vie quotidienne, où nous nous découvrions un peu « comme à la maison ». J'avais organisé une surprise à Adam, je savais qu'il tenait beaucoup à cette région, et je souhaitais qu'il garde une image grandiose de tous ces paysages. Nous voilà donc partis après quatre jours de séjour tous les trois à l'aérodrome de Chambéry. Il ne savait pas bien entendu ce qu'il l'attendait, jusqu'à ce qu'il retire le bandeau de ses yeux, et qu'il réalise que nous étions à l'aérodrome pour un vol de vingt minutes au-dessus de ces belles montagnes, et de ces lacs. Adam avait été touché, et par la même occasion je faisais monter Arthur dans le premier avion de sa vie, un petit « coucou », mais un avion tout de même. C'était grandiose. J'ai vu mon fils sauter dans le lac, sur un bateau, jeter des cailloux dans le lac, rire, pleurer, dévorer ses assiettes, découvrir la randonnée, marcher avec un bâton, j'étais chargée d'émotions. Nous étions en train de lui offrir de belles vacances, et de beaux souvenirs. Sur la route retour, nous nous étions arrêtés à Dijon, où nous retrouvions la famille d'Adam, dans un petit restaurant de la ville, charmant, les enfants s'amusaient, nous nous sentions bien, sentiment de liberté, sentiment d'être heureux et avec une projection sur un bel avenir.

J'étais tombée amoureuse de cette région, de cet endroit, à chaque fois que je regardais ces montagnes, cela me renvoyait à un sentiment de liberté, de plénitude, cela parlait à mon âme de voyageuse et baroudeuse, le fameux « on the road » que j'aimais tant. Nous étions à quelques jours du retour d'Adam, à son emménagement chez nous, puisque nous avions pris la décision de vivre ensemble, nous n'imaginions pas les choses autrement. J'avais une nouvelle fois, organisé une surprise à Adam pour son retour, un road trip depuis son arrivée à la gare, où il rencontrait sur son trajet tous les membres de sa famille ou amis chers à son cœur pour bien comprendre le sens de son retour parmi nous. Adam attendait beaucoup de son retour et avec toute sa maladresse il me l'avait bien fait comprendre en vacances, en m'indiquant qu'il aimerait quelque chose de grandiose le jour de son retour. Il était plutôt du genre exigeant, je l'avais très rapidement senti, une légère pression m'envahissait à certains moments, comme si je ne pouvais pas être pleinement moi-même, qu'il fallait que je sois la plus parfaite possible. Je ne sais pas si ce sentiment était justifié, dans tous les cas il était là bien présent. La surprise était réussie, nous avions terminé son road trip dans un spa de la région pour finir par une belle nuit d'amour dans notre cocon, enfin…

Pas un nuage à l'horizon, quelques émotions dérangeantes mais rien de bien méchant, la relation idyllique qui avance et qui se concrétise. Jusqu'à l'arrivée de la réalité en pleine figure, la vie n'est pas un rêve perpétuel, la vie n'est pas si simple, la vie ce ne sont pas des séjours au bord de lac constant, les problèmes du quotidien peuvent nous rattraper et c'est là que tu vois si le couple résiste ou cède. Les mois de septembre, octobre et novembre allaient me bouleverser comme jamais je ne l'ai été dans ma vie, je ne peux pas tout te dire encore ici, mais tu découvriras d'autres passagers qui ont fait de cette fin d'année un véritable enfer. Le début des sujets a commencé courant septembre, je m'éteignais petit à petit, la douleur prenait trop de place, le passé faisait de nouveau surface, alors que je vivais une relation unique d'amour, me voilà confrontée à de nouvelles épreuves, et j'avais bien l'impression que celles-ci allaient être les épreuves ultimes du reste de ma vie.

Je ressentais un vide immense en moi, j'étais vide d'émotions, de sentiments, j'étais vivante et morte à la fois. Je n'arrivais plus à être légère. Adam était tétanisé par cette situation, il souffrait de me voir mal, il ne savait pas par quel bout prendre la situation, il avait du mal à trouver une place dans mon réconfort. Quand moi, à ce moment, je n'avais besoin que de soleil, de joie pour me changer les idées, de soutien, de caresses, d'amour, j'avais besoin d'être entourée, cajolée, contenue… J'étais en train de perdre pied, et après plusieurs jours, peut-être deux semaines, la situation devenait intenable pour Adam, je ne répondais pas à ses besoins me disait-il, je ne donnais pas suffisamment d'attentions, je n'avais pas suffisamment de gestes envers lui. Il n'était pas rassuré. Et de deux énormes problèmes, je passais à trois. Ses comportements m'ont mis dans le doute, je me sentais seule dans mes problèmes, j'avais le sentiment qu'il n'était présent et aimant qu'à condition que lui-même fût contenté, servi.

Le doute prenait de plus en plus de place dans ma tête, je ressentais un besoin que je n'avais pas du tout anticipé : retrouver ou voir Valentin qui malgré ses erreurs, ne m'avait jamais laissé, jamais abandonné, jamais jugé, il m'acceptait comme j'étais dans toutes mes phases, qui lui savait trouver les mots, avec qui je me sentais contenue, et cela me donnait de la force. Adam avait senti mes doutes, et je lui avais expliqué de manière adulte les choses, j'avais besoin de lui et je le sentais centré sur ses propres besoins, en m'ajoutant des reproches sur mon comportement vis-à-vis de lui. Tu comprendras dans ta découverte avec les autres passagers que ce n'était pas de simple sujet, il y avait un peu lourd à gérer. Cela m'était impossible. Dans un couple, on ne peut pas avoir peur en même temps, on ne peut pas être angoissé en même temps, on ne peut pas tomber en même temps, car la simple idée du couple et qu'il y en a toujours un pour rattraper l'autre. À ce moment, j'avais vraiment le sentiment qu'Adam ne m'attrapait pas, il m'écrasait la tête dans le sol. Les exigences étaient présentes, j'avais des difficultés à positiver malgré un déménagement dans une maison que j'avais acheté (qui me plaisait beaucoup, un cocon d'amour pour une nouvelle vie), mais je me battais. Même ce week-end de déménagement avait généré des sujets entre nous. Adam avait du mal à imaginer faire des activités sans moi, et la position que j'avais prise de vivre le déménagement pleinement, sans couper la poire en deux pour le week-end, l'avait profondément agacé. Les remarques étaient de mise… même si Adam était râleur, toutes ces demandes, attentes, me tétanisaient, m'étouffaient, en complément de mon état émotionnel du moment. Une nouvelle fois, la seule chose qui comptait était le moment que Adam avait choisi. Je me sentais seule… avec lui… mais seule face à tout cela. Valentin était devenu aussi un vrai sujet, il me demandait de montrer les échanges de SMS, il ne comprenait pas les « bisous », et dès que j'allais chez Valentin pour récupérer ou déposer Arthur que j'avais le malheur de ne pas l'appeler en sortant, c'était la panique à bord pour lui. J'ai essayé de communiquer avec lui sur tous mes ressentis, j'ai essayé de comprendre les siens, mais il était plutôt du genre « convaincu » alors exprimer une chose qui ne va pas dans le sens d'Adam, c'est comme « pisser dans un violon ». Excuse-moi pour la métaphore, mais je suis musicienne, il fallait qu'elle soit placée.

Le début de la lutte du couple, nous étions proches de l'épisode sept. Alors que le besoin d'espace m'appelle, Adam se tétanise face à mon besoin de recul, je partais régulièrement vers l'extérieur seule, j'avais besoin de digérer de faire le point, de m'aérer l'esprit, de me recentrer. Jusqu'au jour où je rentre à la maison un dimanche, Adam me regarde et ouvre la discussion de manière assez tranchée.

Lui : Charlotte, on doit parler, tu ne m'aimes pas, tu pars seule faire des courses à Leroy Merlin, tu ne m'aimes pas.

Moi : Adam, c'est complètement extrême, j'ai simplement besoin de prendre l'air, suite à tout ce que nous nous sommes déjà dit, je ne peux pas être pétillante chaque jour, je suis dans une période difficile, je ne peux pas gérer autrement pour le moment.

Lui : Non je pense que c'est faux, tu ne m'aimes pas, je te propose d'aller quelques jours chez ma mère.

Moi : De la fuite ? Si tu décides d'aller chez ta mère, tu assumeras tes choix.

Et c'est comme cela qu'Adam avait pris, alors que ça n'était plus le cas depuis plusieurs semaines, sa valise pour passer un séjour chez sa mère. J'avais comme un sentiment d'abandon, je ne me sentais pas comprise, je faisais de mon mieux, et il n'acceptait pas que je puisse aller moins bien. Par le fait, de moins recevoir de moi, il prenait la décision de me laisser face à cette montagne de problèmes. J'étais en colère. Même si sa réaction était sans doute justifiée par ses peurs, ses doutes vis-à-vis de Valentin, le « contexte » de problèmes inattendus peut être, et ses changements de vie, je ne pouvais pas concevoir qu'il me prive de ma liberté d'agir ressentir, la liberté d'être moi-même. Adam connaissait une grande partie de ma vie, de mon histoire, et parfois cela se retournait contre moi, il pensait que j'étais en colère contre lui du fait de tout ce que j'avais subi par certains « hommes » de ma vie : « Charlotte, tu n'es pas en colère contre moi de mon fait, tu es en colère contre moi car tu as eu une vie de merde, ton père t'a abandonné, ton ex-mari t'a trompé, tu as été abusé », de quoi détruire mon intégrité, ma confiance en moi, le respect que j'ai pour moi-même et remettre en cause toute la belle histoire idyllique qui avait recommencé. Il n'avait pas mesuré le poids de ses mots, jusqu'à ce que je le foute à la porte…

Épisode 7 : Après quelques jours de recul, Adam rentre pour discuter, et je décide de le quitter. J'étais dans un état psychologique tellement critique, que je ne pouvais pas subir un problème de plus. Photos détruites, T-shirts jetés, l'envie de tout effacer, stopper les blessures. Adam et Charlotte c'était une bien belle histoire qui finalement ne tenait qu'à un fil. Sauf que…

Une semaine après le départ d'Adam, je me sens faible, des douleurs dans le corps, des maux de ventre, en l'espace de trois minutes, mes problèmes allaient de nouveau s'accentuer. Tu te demandes quel est le problème cette fois ?

Eh bien, une semaine après le départ d'Adam, j'apprends que je suis ENCEINTE de trois à quatre semaines. Non, non, ce n'est pas une supercherie. J'étais bien enceinte d'Adam, et je n'ai pas eu besoin de réfléchir très longtemps pour savoir que j'allais vivre, comme de trop nombreuses femmes dans leur vie, l'étape de l'avortement. Tout se chamboule dans ma tête, je savais qu'Adam n'avait pas d'enfant, qu'il en voulait un, qu'est-ce que j'allais devoir lui annoncer ? Je n'avais pas le choix, je devais pouvoir continuer à me regarder dans un miroir et il méritait la vérité. C'est donc naturellement que j'ai prévenu Adam. Nous étions tous les deux démunis, à plat, et j'ai clairement imposé mon choix à Adam. Petit un, je n'étais pas en état d'accueillir un enfant au regard de mes premiers lourds sujets, petit deux, Adam et moi n'étions plus en couple et il était inconcevable de recoller les morceaux pour ce motif. De trop nombreux couples décident de mettre en route de projet, en espérant que cela permette de donner un second souffle à leur histoire, la base d'une famille n'est-ce pas le couple en lui-même ? Telle était ma croyance. Et ce projet n'avait pas lieu d'être. Me voilà parti dans une nouvelle épreuve de ma vie, je te passe le moment où je découvrais le test positif, où un sentiment de trahison de Valentin m'a envahi. Pourquoi ? Je n'en ai pas la moindre idée, mais ce sentiment était bel et bien présent.

J'ai contacté le service avortement de l'hôpital de mon village, j'ai dû effectuer une première échographie qui confirmait la présence de ce petit œuf. La barre au ventre, les mains moites, ayant déjà vécu ce type d'événement, me retrouver de nouveau face à cet écran noir et blanc, me tétanisait de peur, de culpabilité, de honte, de frustration. Je n'ai que vingt-sept ans, et j'avais profondément encore envie d'avoir d'autres enfants, mais absolument pas dans ce contexte. Je suis face au gynécologue, la tête tournée vers le mur, je ne souhaitais pas garder cette image en tête, pourtant il fallait que j'intègre ce qui était en train de se passer. Adam s'était proposé d'être présent, mais je n'ai pas souhaité sa présence, le moment était déjà suffisamment difficile pour moi, et égoïstement il fallait que je me protège. C'est à cet instant que je réalisai que ma relation avec Adam était bercée d'illusions, de fantasmes, mais que nous étions déjà incapables de nous construire correctement. Oui, nous avions imaginé vivre ce projet, oui nous l'avions souhaité, comme le mariage d'ailleurs, nous étions portés par des sentiments complètement démesurés, qui nous poussaient, comme deux enfants, à foncer tête baissée. Sauf que nous étions dans la vie réelle, pas dans une arène de corrida, et nous ne devions pas agir sans réflexion. Le gynécologue me confirme que l'avortement aurait lieu par voie buccale, c'est à dire en prenant plusieurs comprimés à domicile, me voilà en partie « rassurée » de ne pas avoir à subir un curetage. Il s'en fallait de peu, car j'étais presque enceinte de six semaines aménorrhées, soit à une semaine de l'épreuve hôpital, un avortement qui sans doute aurait été encore plus violent. J'ai eu ensuite un rendez-vous à l'hôpital pour démarrer le protocole, en arrivant je me suis retrouvée dans une salle d'attente, plusieurs jeunes femmes étaient présentes, certaines devaient avorter par choix, d'autres, par obligation, leur petit œuf était éteint. Je vous laisse imaginer la culpabilité qui m'envahissait à ce moment, les larmes coulaient toutes seules, l'émotion était intense pendant ces deux heures d'attente. Je souhaitais interrompre ma grossesse pendant que d'autres rêvaient d'être à ma place et avoir un fœtus grandissant et en vie. Je me suis ensuite retrouvée face à une sage-femme, qui m'interrogeait sur les motifs de l'avortement pour s'assurer de mon choix. Il a fallu assumer seule, les larmes continuaient de couler, mais j'étais convaincue que c'était la bonne décision pour tous. Une manière de tous nous protéger, y compris l'enfant qui serait né dans des conditions défavorables. Me voilà lancé, j'ai pris un premier comprimé à la maternité, le second, puis le troisième, puis le quatrième devaient être pris le lendemain matin à partir de sept heures. Pour ne pas être seule, j'avais sollicité ma sœur, Alice, heureusement qu'elle était près de moi, pour me soutenir et me soulager des douleurs intenses que j'allais ressentir quelques heures plus tard. Le retour à la maison fut difficile, j'étais absente, livide, je ne réalisais pas vraiment ce qu'il se passait, il me fallait de la force, le cerveau humain est tellement bien constitué, ma force intérieure elle aussi, « merci à mon vécu », que j'allais passer cette épreuve, et en sortir sans doute. Adam était en colère, bafoué, triste, alors que j'étais sur le point d'avorter, que le protocole était déjà lancé, il me demanda de faire ses cartons, pour venir les retirer le lendemain, jour J de l'avortement. J'ai passé une nuit atroce, les douleurs se faisaient déjà un peu sentir, je parlais à ce petit œuf pour lui expliquer mon choix, une manière pour moi sans doute de déculpabiliser, et de donner du sens à mon choix. Alors que j'essayais difficilement de gérer l'événement du mieux que je le pouvais, Adam avait décidé de boire un verre avec des amis, et de me lâcher au passage, des critiques, remarques, en me parlant de ses cartons, de notre séparation, il était presque insultant, et moi j'étais en larmes… J'étais en train de vivre l'un des pires moments de ma vie, quand lui était complètement focalisé sur ses ressentis, et ses frustrations. Je comprends son sentiment, je comprends sa déception, sa colère, mais il aurait dû comprendre que j'étais en train de vivre une ÉPREUVE. Une épreuve qui mettait à l'effort non seulement le psychologique mais aussi le physique. Si la tâche n'était pas simple pour lui, elle l'était encore moins pour moi. Il me montre une nouvelle fois un visage d'individualiste, sans compassion, j'ai terriblement mal. En plus de faire ses cartons, de dire au revoir à cette relation une énième fois, j'étais en train d'accoucher d'un œuf dans ma toilette, pendant que lui me « lunchait » de propos méchants et déroutants. Je n'ai pas raté le réveil, n'ayant presque pas dormi, je me lève et continue le protocole. Le deuxième, puis le troisième, puis le quatrième. Je m'installe dans le canapé, j'ai mis un jogging, des serviettes éponges sur le fauteuil, j'ai un café à la main, et je mets en route Netflix. Ma sœur arrive entre temps, à la bonne heure, je n'étais plus seule. Adam passe dans la matinée pour récupérer ses cartons, il a le visage fermé, triste, et peu de mots sortent de sa bouche. Le travail était déjà en route, je perdais beaucoup de sang, et les contractions commençaient à se faire de plus en plus ressentir. J'ai une bouillotte de noyaux de cerise sur le ventre pour essayer de m'apaiser le plus possible, ma sœur me masse le bas du dos, pour essayer de me soulager au maximum. Je pleure, et je continue de pleurer encore, encore, encore… Je sens que mon corps s'affaiblit, j'ai envie que cela se termine. Quand je sens, une grosse vague de contractions, comme une rivière déchaînée à l'intérieur de moi, je fais au plus vite pour atteindre les toilettes, cette fois-ci c'est différent. Je devais contrôler de ne pas faire d'hémorragie, c'est donc naturellement que je me tourne vers les w.c., je penche la tête… et je le vois… le petit œuf… une bulle de savon, une bulle d'eau, une bulle d'un amour impossible… J'ai le cœur éteint. Je me réinstalle dans mon fameux canapé, et demande à Alice, ma sœur, mon amie, de me prendre dans les bras. Je m'effondre… Vos vrais amis, votre famille vous aiment en toutes circonstances, et ma sœur me l'avait prouvé ce jour. Avec surprise et stupeur, trois autres personnes m'ont retrouvée aussi cet après-midi-là. Charlotte, ma meilleure amie, et cela risque de fortement t'étonner… mais j'ai également eu la visite de Valentin et Arthur. S'aimer en toutes circonstances ? Malgré toute notre histoire, il était bien là, et c'est l'une des premières personnes averties de cet événement brutal. Il n'a eu aucun jugement à mon égard, aucun avis, même si la nouvelle l'avait choqué, il avait peur pour moi, il me sentait mal, il souhaitait donc m'apporter soutien et amour non seulement par sa présence qui, quoi qu'il se passait, était chère à mon cœur, mais aussi et surtout en m'offrant la présence d'Arthur. Je n'oublierai jamais le recul, la bienveillance et l'amour qu'il m'a témoignés en agissant ainsi. Je lui avais annoncé trois jours plus tôt que j'étais enceinte d'un autre. Il y avait donc de belles leçons ou preuves à retenir de cette journée, qu'est-ce qu'aimer en toutes circonstances ? Qui avait été présent pour moi ? Que ressentaient toutes ces femmes vivant la même chose ? Comment avait agi Adam avec moi malgré sa peine ?

C'était assez clair dans ma tête, mon histoire avec Adam s'arrêtait ici. Sauf que le lien qui m'unissait à lui n'était pas si simple à couper. C'était mon âme qui était connectée à la sienne. C'était plus fort que tout. Quand Adam était loin, j'étais malheureuse, quand Adam était présent, quelque chose ne tournait pas rond entre nous de son fait ou du mien.

Ce sont suivis les épisodes 8, 9 et 10, des reprises de contact, de nouvelles ruptures, un jeu à en perdre de la tête. Des moments uniques, forts, de fusions, puis plus rien jusqu'aux nouveaux moments positifs. C'était un peu comme la roue de la Fortune, ou un jeu à gratter. Je ne savais jamais à quoi m'attendre. Je pense que lui non plus d'ailleurs. Quelques erreurs grossières, maladroites, de sa part une nouvelle fois, nous étions en plein acte sexuel, je n'avais pas repris de contraception, nous étions à deux semaines de l'avortement, je n'en avais pas la possibilité, c'est donc naturellement que je demande à Adam de s'équipait, une fois, deux fois, trois fois, quatre fois, jusqu'à ce que je doive le pousser du lit. Une dispute éclatait. Je ne me sentais absolument pas respectée en tant que femme, tu as bien compris que j'avais choisi mais subi une épreuve deux semaines auparavant, il n'avait pas le droit de me faire subir ce moment, pas le droit de ne pas m'entendre, même si son taux de testostérone devait être élevé, aucune femme ne devrait se faire entendre plusieurs fois face à cette demande, et encore moins dans ce contexte. Ce fait avait eu lieu un mardi, c'était avant le jeudi où il avait de nouveau essayé de coucher avec moi, sans préservatif dans un spa, alors que le contexte n'avait toujours pas changé. La colère, la déception s'emparaient de moi, je me suis toujours dit que cela ne pouvait pas être Adam. J'étais dans un déni profond de ses actions. J'étais convaincue qu'il n'était pas lui-même, qu'il était masqué, ou poussé par je ne sais quelle raison. Ce n'était pas Adam, j'avais rêvé de lui la première fois où je l'ai rencontré, et bien là c'était comme si j'étais en train de rêver de nouveau. Soit j'étais en train de découvrir son vrai visage, soit il était masqué, mais j'étais complètement retournée, et bafouée de ces situations.

Les semaines ont passé, et nous sommes maintenant en juillet deux mille vingt et un, le dix-huit. Après de nombreuses tentatives, rupture, déceptions, joies, disputes, chamailleries, projets, illusions, désillusions, attente sur nos lieux de travail, écritures de mail, envois de colis surprises, envois de fleurs, des heures au téléphone, des soirées seuls ou entre amis, des « fuis-moi, je te suis. Suis-moi, je te fuis », il était temps que la roue arrête de tourner.

Épisode 11 : Nous nous sommes revus après quatre semaines de coupure, nous avions décidé de tenter une dernière fois l'aventure, avec sans doute un peu plus de recul. Il n'imaginait pas sa vie sans moi, je n'imaginais pas ma vie sans lui. Nous devions trouver la clé du trousseau, même si celle si c'était la dernière. Cette histoire, nous nous étions battus pour la vivre, et nous avions le sentiment de ne pas avoir mis tout en place pour que cela fonctionne. Naturellement, chacun avait pris « sa part », Adam avec un peu plus de difficultés, « it's a man ! » L'analyse ?

Adam avait quitté sa région pour moi, avait changé de travail pour moi, s'était adapté à sa nouvelle vie pour moi, découvrait un nouveau rôle auprès d'Arthur pour moi, avait subi toutes ces séparations et reprises comme moi.

J'ai moi, quitté une vie de famille, car il faut se le dire, ma rencontre et mon histoire avec Adam m'a en partie poussée vers la sortie, j'ai divorcé de mon mari, j'ai accueilli un homme chez moi ce qui n'était pas arrivé depuis quelques mois déjà, j'ai eu trois événements traumatisants qui m'ont mangé de l'intérieur, j'ai découvert la séparation de mon fils une semaine sur deux, et j'ai moi aussi subi toutes ces ruptures et reprises.

Les contextes individuels ne nous avaient pas aidés à nous construire c'était une évidence. Mais après toutes ces décisions, toute cette remise à zéro de nos vies respectives, nous ne pouvions pas lâcher. Ego ? Ou véritable amour ?

Toi aussi tu perds la tête ? Je t'informe que c'est volontaire, c'est uniquement pour que tu ressentes, ce que j'ai pu ressentir pendant presque deux ans de ma vie. Les montagnes russes, l'ascenseur émotionnel, les allers-retours, je te prends, je te laisse, je t'aime comme cela mais ce n'est pas possible, je te bloque sur les réseaux, je t'ajoute en amis, et tant d'autres comportements paradoxaux.

« Pourvu qu'on m'aime, c'est mon problème », titre de Juliette Moraine, je t'invite à l'écouter, tu en apprendras un peu plus sur mon ressenti ou mon histoire. Cela fait des années, que je me construis en recherche d'amour, en attendant désespérément que l'on m'aime tel que je suis, en pensant que je doive prouver des choses pour être aimée, et là encore ma rencontre avec Adam m'avait trompée. Je pensais sortir de mon schéma existentiel, mais j'étais reparti dans le même processus. Adam m'aimait, je n'en doutais absolument pas, mais il m'aimait mal… « sous conditions », « si je répondais au contrat », « si je répondais à toutes ses attentes ou son schéma de vie », sans pouvoir être complètement libre d'être qui je suis vraiment. Cette dernière tentative a été une nouvelle fois un épisode, un épisode de plus à notre série, le dernier. Oui, Adam et moi, c'était comme dans les films, aussi fort que tragique, aussi passionnel que déchirant. D'ailleurs, lorsque nous regardions des émissions de télé-réalité, ou des séries sur Netflix, nous retrouvions un peu de nous dans chacun des couples ou histoires évoquées. Nous étions dépendants l'un de l'autre, Adam davantage selon ma vision, puisque j'avais déjà le recul et l'épreuve d'un divorce, j'en avais déjà retenu des leçons.

Ne jamais s'oublier, ne jamais vivre à travers l'autre, s'aimer soi-même avant d'aimer l'autre, se permettre d'être soi sans avoir peur du jugement ou du regard de l'autre, se respecter mutuellement, s'aimer en toutes circonstances, trouver « sa béquille lorsque le cœur souffre ». Dans un couple, peut être que l'important n'est pas de vouloir rendre l'autre heureux, c'est de se rendre heureux et d'offrir ce bonheur à l'autre et parfois quand bien même tu aimes une personne plus que tout, elle peut être nocive pour toi. Chacun mérite une personne qui ne prendra jamais le risque de la perdre ou de la blesser. Comprendre cela, c'est se rendre compte de sa propre valeur. Personne ne mérite d'être diminué, ignoré ou rejeté. Il faut donc savoir s'éloigner, même si l'amour rend aveugle, même si ton âme est connectée à l'autre, pour pouvoir de nouveau briller de bonheur en étant soi-même…

Adam restera l'une des plus belles rencontres de ma vie, j'ai vécu un tourment d'amour à ces côtés. Nous méritons tous d'être nous-mêmes dans un monde qui nous pousse à être autrement, et ce que je retiens surtout c'est que « le couple repose sur un mythe fusionnel, comme si nous ne faisions qu'un, alors que nous sommes définitivement deux ».

Passager n° 4
Jacques
Mon géniteur

À mon géniteur

Chaque passager laisse des traces, des souvenirs radieux ou sombres parfois. Certains même marquent votre cœur d'une plaie au fer rouge, une plaie qui brûle ou alors que tu oublies avec le temps, ou encore avec laquelle tu apprends à vivre. Tu peux choisir de subir, ou choisir de t'en sortir. Même si Jacques, mon passager n° 4, m'a marqué, m'a abîmé, m'a tué, il m'a permis d'exister et d'être en vie. Fais-moi confiance, et laisse-toi porter par l'écriture, tu en apprendras davantage sur ce passager, et sur tout ce qu'il a laissé derrière lui.

« Dire merci à un connard », et bien parfois cela fait du bien, car tu prends conscience que malgré tout tu es et resteras forte, ce passager m'aura laissé des leçons fondamentales pour faire face aux événements de la vie. Je sais qu'il me désirait, mais comme souvent nous désirons fortement les choses, mais une fois obtenus, nous sommes incapables d'en prendre soin. Et bien Jacques a été une personne de plus dans ce monde à se tromper, à échouer et j'ai été le dégât collatéral de son irresponsabilité. Il n'avait sans doute pas conscience de la valeur de ce qu'il avait entre les mains, sans doute pas conscience que sa place était auprès de sa petite fille, que j'avais besoin de lui pour vivre le complexe d'Œdipe, pour avoir un repère dans ma construction de femme, pour simplement me sentir aimer. Comment ressentir de l'estime pour soi lorsque l'être le plus important de votre vie vous rejette, ne vous regarde plus dans le berceau, vous ignore, vous met en danger, vous renvoie le fait que vous n'êtes pas importante. De trop nombreuses fois dans ma vie, j'ai envié mes amies au regard de la relation qu'elles entretenaient avec leur père. J'ai souvent rêvé d'un père parfait, un père idéal, j'en oubliais presque qu'il y avait aussi des pères qui battaient leurs enfants, c'était d'ailleurs le cas d'une de mes passagères, qui se prenait des canettes de bière dans la gueule quotidiennement. La vie n'est pas si simple, on ne fait pas des enfants pour les contrôler ou les garder, et on ne naît pas non plus parent, on le devient ou pas. Chaque année, le jour de la fête des Pères, j'ai tout de même une pensée pour lui, comme à chacun des événements importants de ma vie d'ailleurs, et pour la première fois de ma vie, le dix-neuf juin deux mille vingt et un, après deux ans de thérapie, j'ai posé les mots sur mes maux.

Publication internet du 19/06/2021

« Cher papa parti sans prendre tes responsabilités, et souhaitant encore m'impacter aujourd'hui en réclamant une pension… je m'adresse à toi, mon géniteur, comme je ne l'ai jamais fait… J'aimerais te dire comment l'adulte, la femme, la mère en moi se sont senties devant un père complètement absent. J'ai dû apprendre à vivre avec ton absence. Du haut de mes cinq ans, j'ai dû apprendre à vivre sans toi. C'est probablement mieux comme ça, car tu étais un homme méchant et violent. Par chance, nous avons tous eu une maman en or pour s'occuper de nous. Je ne la remercierai jamais assez d'avoir pris son courage à deux mains. Elle a tenté du mieux qu'elle a pu de jouer le rôle de papa et de maman. Personne ne devrait avoir à porter un poids aussi lourd sur les épaules. Est-ce que tu peux avoir idée du mal que nous avons pu vivre ? Le mal dans mon cœur de petite fille, celui qui m'affecte encore aujourd'hui et pour toujours ? C'est le son de maman qui pleure. Combien de fois crois-tu que je l'aie entendu s'écrouler ? Elle essayait tant de se cacher, elle croyait que je l'ignorais. Mais non, je pleurais avec elle de l'autre côté de sa porte sans qu'elle le sache. Aujourd'hui, je suis si fière qu'elle soit toujours encore avec nous. Elle a tenu le coup. Elle est une maman et une mamie extraordinaire ! C'est avec une force interminable qu'elle a su faire de mes sœurs, mon frère et moi, les adultes forts que nous sommes devenus. Jamais je ne la remercierai assez d'avoir tenu bon et d'être la maman qu'elle est.

Tu sais quoi ? Tu pourras te dire que tu as réussi quelque chose avec nous. Au moins cela. Notre force de se relever et d'affronter les obstacles, c'est grâce à toi, mon géniteur. Je ne sais toujours pas si tu ne donnais pas de nouvelles parce que tu n'avais aucune idée de comment t'occuper de nous. Peut-être que tu ne nous aimais pas. Tu nous as tous abandonnés comme si tu ne trouvais pas d'intérêt à nous voir grandir. Une chose est sûre, tu ne le feras pas avec mon enfant. Certainement pas. Promesse à moi-même. Ça me fait de la peine de voir encore les choses de cette façon, même adulte. Si tu savais comme tu nous as blessés. Mentalement, et émotionnellement pour ma part. C'est une vraie torture pour une enfant de cinq ans, assise dans les escaliers, d'attendre son papa avec son petit sac à dos sans qu'il n'arrive jamais. La crainte et l'inquiétude que j'avais pour toi, qu'il te soit arrivé quelque chose de grave en "voulant" venir me chercher. Tu ne t'imagines pas un instant la douleur que ça pouvait me causer lorsque je me rendais compte que tu ne viendrais pas. Sans un appel, sans nouvelles. L'impression de ne pas avoir été assez gentille pour que tu viennes me voir. Qu'est-ce que je t'avais fait de mal pour que tu me fasses souffrir ainsi ?

En tant qu'adulte maintenant, j'ai toujours l'horrible crainte qui part et qui revient d'être abandonnée, d'être seule. De ne pas être aimée. De ne pas pouvoir garder les gens que j'aime près de moi, et ce, par ma faute. Des blessures intérieures qui ne partiront jamais. J'apprends à vivre avec ce mal. Il revient parfois intensément, tout comme je peux me laisser croire qu'il a disparu. Mais je dois me rendre à l'évidence : j'ai un enfant qui m'aime, une famille qui m'aime et mes amis aussi. Je les aime plus que tout. Il est temps de recevoir toute l'affection et l'amour que je mérite, sans avoir peur. Alors j'ai décidé d'apprendre et d'avancer, en comblant moi-même tout le vide que tu as laissé.

Tu vois, j'ai réussi à grandir sans toi… et je continuerai d'avancer, d'apprendre à être heureuse sans toi… »

« Ta graine »

Une graine, qui a longtemps germé, et qui décide aujourd'hui enfin de fleurir. Voilà ce que je retiens de lui, de toi, papa. Un père est en « théorie » pour sa fille un authentique passeport de confiance en soi, le premier homme de sa vie, il joue un rôle essentiel dans son acceptation et sa valorisation. Il n'a pas été ce « père », mais à travers son absence, il m'a appris, la combativité, la remise en question. Il me permet aujourd'hui de fuir les « fourbes », fuir les « mauvaises herbes », me protéger seule, sans rien attendre de personne, ou au moins essayer. Il m'a rendu « vivante », car souvent seules les personnes qui ont connu le malheur connaissent la vraie richesse du bonheur. Écoute-toi, analyse tes ressentis, mais il est vrai qu'un sourire après des larmes est dix fois plus savoureux. J'ai beaucoup pleuré de son absence. À ce jour, l'estime de moi n'est pas encore réellement présente, j'ai conscience de ma valeur, mais je ne la ressens pas vraiment.

Simplement, je crois en moi, je vais réussir à m'aimer, et ce sera grâce mon histoire. Jacques, mon géniteur, même si tu n'as pas été présent dans ma vie, tu fais partie de cette histoire, et comme chacun de mes passagers je te dois une partie de moi. Il est grand temps de laisser place au pardon, pas pour toi, mais pour moi. Même si cela me prend du temps. J'ai envie de croire que tous les hommes ne sont pas comme toi, j'ai envie de croire que je suis quelqu'un de bien, envie de croire que je réussis sans toi, envie de croire que je ne suis pas une déséquilibrée, envie de croire que je mérite autant d'amour que quiconque sur cette planète. Je n'ai plus envie d'attendre mon prince charmant, comme j'ai pu t'attendre de trop nombreuses fois. J'ai envie de croire que je peux me sentir en sécurité auprès d'un homme. Un homme qui ne sera pas idéal, mais qui sera là pour moi, qui m'aimera sincèrement et qui ne m'abandonnera pas. J'ai conscience que j'ai une plaie à prendre en charge, que la peur sera présente, que j'aurai des difficultés à accueillir tout l'amour que je n'ai jamais reçu de toi, que toutes ces étapes prendront du temps, mais j'y crois. Tu m'as appris à être combative, à résister face à l'ignorance ou la difficulté, et bien c'est comme cela que tu participeras à mon bonheur à partir de ce jour… Tu n'es plus dans ma vie, tu ne l'as jamais vraiment été, mais grâce à tes erreurs, mes petites victoires quotidiennes auront dix fois plus de saveurs, et ma fierté remplira alors le vide que tu as laissé. La petite fille que j'étais t'aimera toute sa vie, et ne t'inquiète pas, la femme que je suis aujourd'hui décide désormais de prendre soin d'elle plus que tu ne l'as jamais fait. « Un père n'est pas celui qui donne la vie, ce serait trop simple, un père est celui qui donne l'amour. »

Passager n° X
L'abuseur

J'avais seulement huit ans.

J'étais une petite fille châtain clair qui pleurait l'absence de son père. Je n'avais aucun repère masculin, je n'avais reçu aucune attention d'un homme. J'étais plutôt une petite fille pleine de vie, souriante, qui se donnait à corps perdu dans tout ce qu'elle faisait. J'étais attachante, mes amis, et mes proches appréciaient la petite fille disant oui à tout pour être acceptée et aimée. Personne ne se rendait compte que tout ce que je faisais ne m'appartenait pas réellement. Que je me construisais une personnalité pour être aimée et appréciée par les miens. Je faisais tout ce que j'avais en mon pouvoir pour aider maman, tout en prenant le peu d'attention que l'on me portait. C'est dans cette période de ma vie qu'il est arrivé : l'abuseur.

Jusqu'à la date du trente novembre deux mille vingt, ce n'était qu'un passager fantôme de mon existence, un passager que j'avais préféré effacer de ma mémoire inconsciemment. Une chose est sûre, c'est une leçon que j'ai apprise, tôt ou tard le problème, la blessure resurgit si celle-ci n'est pas pansée. Eh bien, cette blessure a décidé de refaire surface lors d'une séance avec ma psychologue au moment où je prenais la décision de prendre un virage et enfin de me prendre en charge. J'ai toujours pensé que la vie était bien faite, alors même si cette révélation m'a généré une peur du monde entier, il fallait que je la panse elle aussi.

Maman partait certains soirs pour prendre un bol d'air, et faire de la danse de salon. J'étais heureuse pour elle, j'adorais la voir revenir avec un immense sourire de ses séances. Pendant ses soirées, ma marraine d'adoption nous gardait à la maison. Adoption ? Tu dois sans doute te poser la question ? Eh bien, ma marraine de naissance était la belle-sœur de papa, alors après la séparation de mes parents, elle avait décidé de ne plus me contacter et me laisser. Un petit sentiment d'abandon ou rejet en plus sur ma liste. J'avais beaucoup de chance que Virginie prenne le relais, et en plus de cette manière. Elle m'accompagnait à la danse classique, à mes premiers concerts, elle me livrait des tonnes de boîtes de schoko bons chaque année à Noël, elle me faisait découvrir les restaurants en famille pour mon anniversaire, les châteaux de sable sur les belles plages du Nord. Des moments qui venaient égayer mon quotidien, et qui me faisaient découvrir les petits plaisirs de la vie. Au-delà de tous ces moments, elle m'apportait de l'amour et de la considération, ce qui me remplissait le cœur. Je me souviens donc de belles soirées pyjama à la maison pendant l'absence de maman.

Le hic ? Elle n'était pas seule pour nous garder, moi et mon frère. Louis, son conjoint de l'époque l'accompagnait. Je me souviens d'un homme agréable, souriant, avenant, je le regardais à l'époque avec mes yeux de petite fille. Et je me souviens avoir de l'admiration pour lui et pour tous les deux. Je me souvenais de moment câlin dans le canapé de la maison, devant des dessins animés. Et puis plus rien…

Définition *Le Robert* – **Abuseur** : personne qui abuse notamment sexuellement.

Synonymes : contrevenant, délinquant, malfaiteur, méchant (hyper).

Trente ans, c'est le délai de prescription, j'ai vingt-huit ans lorsque le flash fait son apparition, la vie est bien faite, je te l'avais bien dit. Que faire lorsque tu réalises ce qu'il s'est passé ? À qui en parler ? Comment ? Suis-je folle ? Comment faire pour vivre en ayant conscience de ce que j'ai subi ? Quelqu'un a-t-il vu quelque chose ? Est-ce que l'on va me croire ? Et si c'était allé plus loin ?

Ma séance a duré plus de deux heures, je me suis effondrée dans les bras de Sylvie, ma psy, je suis en pleine gestion de mon trauma, j'ai peur de sortir du cabinet, je me sens en insécurité complète, je ne sais plus où je suis, je me sens en miette, comme brisée et éteinte de l'intérieur. Je suis un peu rodée avec la gestion de la difficulté, donc j'ai pris le temps de souffler, me remettre les idées en place, et j'ai pris mon courage à deux mains pour continuer de vivre et affronter cette nouvelle épreuve de la vie.

Je suis sortie du cabinet, j'ai saisi immédiatement et sans délai mon téléphone, j'étais tellement apeurée, j'avais besoin de réponse le plus rapidement possible. Te demandes-tu qui ai-je contacté ?

Eh bien en toute confiance, pensant obtenir des informations, j'ai contacté ma marraine. Lors de cet appel téléphonique, je lui demande si elle a des nouvelles de Louis, et si elle avait souvenir de quelque chose de malsain avec moi en étant enfant. Elle botte en touche, m'exprime simplement une chose « je n'ai pas su te protéger, et j'en suis désolée ». Plus un son, plus une image pendant plusieurs semaines à la suite de cet échange téléphonique, un simple écrit Messenger me répétant qu'elle était désolée. J'ai un pressentiment, je sens que quelque chose ne tourne pas rond, et que mon flash est réel, je dois creuser. C'est vital pour moi à cet instant j'ai besoin de réponse, mes réponses.

Je retrouve sur internet, grâce à ma sœur, Alice, un article de presse indiquant que Louis est incarcéré à Bapaume pour viol sexuel sur sa belle-fille mineure, qu'il s'est pris huit ans de prison ferme, mais qu'il doit sortir dans moins de deux ans de prison.

Mes doutes se précisent, je réalise que je fais sans doute partie de « ses victimes », qu'il est certes, derrière les barreaux, mais que personne à ce jour ne sait qu'il a abusé de la petite fille vulnérable que j'étais. Il n'y a pas de « petit » abus, peu importe les détails ou l'ampleur des faits, c'était de toute façon tout ce qu'il me restait. Je n'avais pas plus d'images, pas plus de détails des faits.

Un lit marron épais dans une chambre tamisée, un homme blond allongé à côté de moi, des yeux bleus, des baisers, des propos du type « tu es jolie », « nous sommes amoureux », des mains douces sur mon visage, et puis plus rien… Pourquoi devrai je rester avec cela ? Sous prétexte de ne pas avoir davantage d'images ? Pour moi, pour mon intégrité, par respect pour moi-même, pour ses autres victimes qui ont eu le courage d'affronter les choses, et pour toutes les potentielles futures victimes de ce mangeur de petites filles, je devais AGIR.

J'ai commencé par l'annoncer à ma famille proche, mes amis. J'ai posé de multiples questions à maman sur le contexte de l'époque, est-ce que la chambre était bien à cet endroit ? Le lit était-il bien marron ? Louis venait-il à la maison ? Comment le trouvais-tu à l'époque ? Mon cerveau, mon âme, mes tripes étaient en ébullition. À la fois, je ressentais de la honte, mais aussi de la tristesse, de la colère, et surtout de la peur. J'avais peur de moi-même, peur des autres, peur du jugement, peur que l'on ne me croit pas, peur de ne pas avoir suffisamment de matière pour être une victime légitime. J'ai annoncé à maman, en compagnie de ma sœur, j'avais besoin de soutien, je l'avais elle mise au courant la veille. Maman est restée sans voix, mais malheureusement n'a pas bougé le petit doigt. Normal, elle ne savait pas comment faire. C'est alors que mon vécu, ma thérapie, ma prise de recul m'ont donné la force de lui répondre : « Avant de parler de dépôt de plainte ou toute autre procédure, tu ne commencerais pas par prendre ta fille dans tes bras ? » Quel soulagement d'exprimer son besoin, de la mettre face à cette réalité que même si elle ne sait pas faire, il faut qu'elle essaie, parce qu'elle est maman et qu'à cet instant précis j'avais terriblement besoin d'être enveloppée. Elle s'est levée de sa chaise, s'est mise à pleurer, en me verbalisant qu'elle était désolée et elle me prit dans ses bras pendant quelques minutes qui m'ont paru de longues heures. L'odeur des vêtements de maman n'avait pas changé, ma tête était contre sa poitrine, et j'entendais son cœur battre entre deux de mes sanglots. Depuis, avec maman tout a changé. Nous avons compris quelque chose toutes les deux.

Voilà, c'est fait, ma famille est au courant, je réalise que les détails de mon flash sont justes et vrais, mais que faire après tout ça ? Eh bien, la vie m'avait déjà appris à me débrouiller seule, à gérer la crise et les problèmes, c'est pourquoi après quelques jours de recul, j'ai pris la décision de tenter de me confronter à mon agresseur. J'ai pris mon téléphone, j'ai composé le numéro de téléphone du centre de détention de Bapaume, et j'ai sollicité une demande de visite. Quand je l'écris, quand je t'écris, je me rends compte à quel point j'ai eu du courage d'entreprendre ce genre de démarche. Même si je me suis vite rendu compte que cette démarche était une erreur dans le protocole. Ils m'ont bien expliqué la procédure, et l'après-midi même je montais alors mon dossier pour accéder à une visite. Carte d'identité, justificatif de domicile, formulaire de demande de visite, par courrier, avec une réponse sous trois à quatre semaines. Il y avait un tout petit détail qu'ils ne m'avaient pas forcément précisé, c'est qu'il fallait un accord du détenu. Tu comprends qu'il y avait un ver dans la pomme ? Ou qu'il n'y a qu'une seule barjo comme moi pour contacter en tant que victime la prison pour visiter son agresseur ?

Trois semaines plus tard, j'ai un accord de la prison pour accéder à une visite, je n'avais qu'à prendre le rendez-vous par téléphone. Avec ces trois semaines écoulées, nous étions en décembre, j'avais pris un peu de recul face à la situation. Oui, j'avais le courage de me retrouver face à lui, oui j'aurai tenté de le manipuler pour obtenir des informations, Oui, je me suis fait la scène de nombreuses fois pendant cette période et non, cette fois je ne devais pas me débrouiller seule. Il était plus raisonnable pour ma sécurité, pour le cadre légal, pour obtenir des réponses que je passe par le cadre judiciaire. Et puis, imagine la crédibilité de la victime qui visite son agresseur avant de déclarer son abus ? Tout cela manquait de logique et de raison. J'ai conscience que toutes mes démarches étaient la conséquence de ma détresse et de mon désir de réponse. En toute logique, je n'ai donc pas donné suite à ce courrier d'acceptation. En revanche, j'étais loin de m'imaginer la suite des événements.

Nous sommes le vingt-quatre décembre, c'est le réveillon de Noël, les préparatifs sont en cours chez maman, et je dois retrouver Adam, pour un réveillon tous les deux. Comme chaque jour, je rentre du travail, je me gare devant la maison, et je file à la boîte aux lettres. Je passe la clé dans la serrure, je la tourne et j'y trouve avec mes grands yeux écartelés une carte sous enveloppe avec une jolie écriture. Je retourne l'enveloppe et je découvre l'adresse du destinataire : « Louis – centre de détention de Bapaume ». Mon cœur est tombé au sol, quel superbe cadeau de Noël ! J'en avais des nausées, des vertiges, et je ne comprenais rien à ce qui était en train de se passer. J'ouvre l'enveloppe et je découvre ce message :

« Bonjour Charlotte, Je ne sais si j'écris à la bonne adresse, je n'ai pas pu l'obtenir via le dossier que tu as fait. J'ai été informé de ta demande de visite car il fallait mon accord, l'acceptation de ta demande est sous réserve d'accord par l'administration… Cela fait presque trois semaines que je me renseigne pour connaître la décision, mais je n'ai pas l'information, c'est peut-être encore en attente. Cette demande que tu as faite est ce qu'il m'est arrivé de mieux en six années, souvent j'ai pensé à toi. Nous avions repris contact et tu n'as plus eu de mes nouvelles… Je me suis effondré car j'espérais que jamais tu ne saches… Quelle que soit la réponse à ta demande, je souhaitais te dire Merci. Joyeux Noël et Bonne Année. Je t'embrasse bien fort.

Louis »

Carte signée de multiples petites fleurs dessinées au crayon fin, et d'un gros cœur. J'étais en train de rêver, mon agresseur m'avait bien écrit et cela faisait trois semaines qu'il me cherchait. Où avait-il eu mon adresse ? Qui ? Y avait-il une taupe en prison ? Un sentiment de dégoût s'emparait de moi, et à peine je posais le pied à l'extérieur de la maison que la pression montait intérieurement. Je voyais même son visage dans ma porte-fenêtre de jardin, ou dans n'importe quelle fenêtre de la maison d'ailleurs. J'étais hantée. J'étais maintenant face au mur, et je m'y suis mise seule, il fallait que je déclare en justice cet abus pour ma sécurité et celle des autres.

En janvier, j'ai donc poussé la porte du commissariat, sans réfléchir, sans penser, en mettant mon cerveau sur off, impossible de passer le cap autrement. Je savais que j'avais la force à l'intérieur de moi et je prenais cette mission comme un devoir envers moi-même. Bordel… la vie te réserve autant de surprises ? Autant d'épreuves ?

Me voilà devant l'interphone. Ça y est, je n'ai plus le choix.

Une voix d'homme te demande ce que tu souhaites faire dans cet endroit, et là tu prends une grande respiration et tu assumes ton choix : « je viens déposer une plainte ». J'étais là sans vraiment être là, je ne sais où j'ai trouvé la force de franchir cette étape que beaucoup de trop personnes ne franchissent pas. Je les comprends tellement, ce n'est pas si simple que cela en a l'air. J'avais les jambes qui flagellaient, mon cœur tapait dans ma poitrine et j'avais terriblement honte. Tu entres dans l'entrée du commissariat de police, tu fais la queue comme au supermarché, entre un drogué, et de multiples autres personnes, le regard baissé, si j'avais pu me mettre dans un trou de souris je l'aurais fait volontiers. L'interphone ce n'était rien, car l'accueil qui m'attendait était beaucoup plus gênant. J'étais face au comptoir, c'était mon tour, il me manquait presque un ticket numéroté.

L'agent : C'est pourquoi ?

Moi : C'est difficile à expliquer, je souhaite déposer plainte contre mon abuseur, enfin, je crois.

L'agent : Votre nom, votre prénom, votre date de naissance.

Moi : Taffin, Charlotte. Née le neuf janvier mille neuf cent quatre-vingt-treize.

L'agent : Merci, allez patienter dans la salle d'attente, je vais me renseigner sur votre prise en charge auprès du responsable des affaires sexuelles de famille.

La petite voix dans ma tête me disait : mais attends qui est le coupable à ce moment-là ? En plus de franchir l'étape, tu te retrouves dans ce contexte, à un guichet d'accueil, à exposer la cause de ta venue comme une chienne devant tout le monde. Et la confidentialité là-dedans ? Je chuchotais au maximum mais la situation était terriblement gênante. Quand j'ai entendu de la bouche de cet inconnu « responsable des affaires sexuelles de famille », la déclaration devenait chaque minute un peu plus concrète. J'étais ailleurs, comme perdue, comme vide.

Le commissaire arrive : « Madame Taffin ? Suivez-moi… »

Le commissaire est là, j'entre dans son bureau, je m'assieds. Ça y est, je n'ai plus le choix.

L'interrogatoire pouvait commencer, je me suis présentée, j'ai exposé les motifs de ma venue, j'ai expliqué les faits, j'ai raconté les détails du flash, j'ai vidé des paquets de mouchoirs… de nombreux paquets de mouchoirs. Heureusement, le commissaire était à l'écoute et respectueux. Ce sentiment de peur, honte, étourdissement, colère, c'est tellement difficile d'assumer avoir été victime. Finalement, je n'avais rien à assumer, je n'étais qu'une victime, mais je peux t'assurer que seules les personnes ayant vécu ce genre d'étape comprennent le ressentiment de ce moment douloureux. J'ai encore le son du clavier dans les oreilles, je parle, il tape, je parle, il tape, je parle, il tape, j'essaie de parler, il tape encore… Le sentiment de devoir justifier des faits, j'aurais aimé avoir plus de détails à raconter, plus de faits, je n'avais que ce « flash », et je me sentais ridicule mais il fallait que je le fasse, ma petite voix intérieure me le disait. J'avais amené avec moi la chanson que j'avais écrite et que tu as sans doute écoutée quelques jours après la découverte, j'avais amené les écrits de Monsieur ABUSEUR, des photos que j'avais retrouvées, tout ce que je pouvais… Lorsque tu déposes une plainte, sache que personne ne t'explique réellement quelles sont les étapes d'après, et finalement parfois il vaut mieux ne pas savoir.

Le bruit de l'imprimante s'est mis en marche : le document est prêt, je signe le récépissé de dépôt de plainte. Je ne trouve pas de stylos, mes mains tremblent, mais ça y est je n'ai plus le choix. Et après ?

Eh bien, ce que je n'avais absolument pas imaginé, avant ce jour de dépôt, c'était que toutes les personnes de mon entourage allaient y passer : ma marraine (qui ne me donnait aucun signe de vie depuis mes questions), ma mère, ma sœur Alice, mon frère Maxime, ma sœur Ambre (que je n'ai pas vue depuis dix ans), ma cousine, et peut-être d'autres. J'allais aussi devoir passer devant un expert psychologue pour m'assurer que je n'étais pas dans le mensonge, et que je n'avais pas inventé cette histoire de toute pièce. Alors pour quelqu'un comme moi, si tournée vers les autres, en protection de son entourage, les mettre dans cette situation pour obtenir la reconnaissance de mon statut de victime me m'était dans une culpabilité atroce. J'ai versé de nombreuses larmes, et je me suis excusée de nombreuses fois auprès de ma famille.

Il fallait que je le fasse, je n'avais plus le choix, j'étais face à moi-même, face à mes blessures, face à ma vérité, et je me devais de penser à moi, je devais me prendre à charge, me sauver moi-même, sans plus rien attendre de qui que ce soit. J'étais face à un tournant de mon existence.

Les semaines ont passé, j'essayais d'occulter, malgré tout, de vivre le plus légèrement possible. Les membres de ma famille m'appelaient tous un à un pour m'informer de leur date de passage téléphonique ou physique, et aussi pour me débriefer leur interrogatoire. Merci est le seul mot qui sortait de ma bouche à chaque appel. J'avais même réussi à avoir Virginie, ma marraine en ligne qui pendant notre échange téléphonique a été, comment dire, maladroite. Tu te demandes bien ce qu'elle avait pu me sortir ?

Je cite : *Tu sais, quand tu étais petite, tu étais très possessive avec mes copains, tu manquais beaucoup d'attentions, et tu les accaparais.*

Bien sûr, et puis je suis aussi responsable de l'abus que j'ai subi… je suis responsable du fait qu'un homme âgé de vingt ans m'embrasse, me touche, me caresse les cheveux, se couche à côté de moi, me dit que je suis son amoureuse, peut-être même a-t-il glissé sa main dans mon pyjama lapin ? Alors que je n'ai que huit ans. Qui est l'adulte responsable à ce moment précis ? Qui est la personne qui a réellement conscience de ce qui est en train de passer ? Certainement pas moi. Et il était hors de question que j'entende un mot de plus sortant de la bouche de ma marraine. Tu sais, avec une seule phrase on peut détruire une personne et, grâce à Dieu, sa maladresse m'a bousculée mais ne m'a pas tuée. Cette partie de l'histoire deviendra simplement une force, et je n'oublierai jamais qu'au moment précis où elle aurait pu jouer son rôle, elle était absente, voire toxique pour moi. Le pouvoir des mots est bien réel, à nous de bien prendre en compte que chaque parole a un impact sur la personne qui la reçoit. J'ai donc reçu, intégré, mais absolument pas digéré. En deux mille vingt et un, la femme qui porte une mini-jupe est-elle responsable du viol qu'elle a subi ? Une femme souriante est-elle responsable des actes d'un allumeur ? Nous avons toutes le droit d'être libres, d'être qui nous sommes sans avoir peur d'être trompée, violée, abusée, torturée. Être nous-mêmes, fragile, jolie, sensible, avenante, écorchée, naïve, ne nous rend responsables de RIEN. RIEN. RIEN. J'ai donc manqué d'affection, oui, j'ai donc cherché un repère masculin, oui ? Est-ce que cela fait de moi la responsable de mon abus ? NON.

Je l'ai passé ce fameux entretien avec l'expert psychologue, c'était en mars. En sortant de cet entretien, j'étais épuisée, un remake de mon interrogatoire version plus tortueuse, face à une femme qui me demandait de faire part du handicap présent qu'avait généré l'abus. Avez-vous des difficultés avec les hommes ? Comment se passent vos rapports sexuels ? Que ressentez-vous à ce moment-là ? Un milliard de questions que je ne m'étais même pas posées moi-même, cela faisait juste quelques semaines que je trouvais un peu de sens à de nombreuses situations dans lesquelles j'avais pu me sentir en difficulté. Une prise de conscience… Cet abus faisait bien parti de moi. Parti de ma vie, de mon histoire, et la plaie n'avait pas été pansé. J'ai terminé l'entretien avec une note positive… il faut toujours essayer de trouver un rayon de soleil dans la tempête et ce que j'avais une nouvelle fois réussi à faire. J'avais fait écouter mon texte à cette psychologue, celui que tu auras peut-être envie de réentendre, et elle m'avait dit que j'avais beaucoup de talent, qu'il fallait que je poursuive mon art, et que je ne lâche rien, qu'il fallait que je me construise désormais avec ou sans réponse… Mon art… toujours là quand il le faut !

J'ai passé plusieurs appels depuis mars deux mille vingt et un, nous sommes aujourd'hui en décembre, cela fait un an que le couperet est tombé. Je n'ai à ce jour aucune nouvelle, la plaie continue de se panser avec le temps, avec les moments positifs que j'essaie de saisir chaque jour, avec ma thérapie que je poursuis chaque mois, grâce au soutien de mes proches et ma famille.

Je ne suis peut-être pas encore reconnu victime aux yeux de la justice, mais ça y est, j'ai, cette fois, le choix.

Je décide à travers mon écrit de clôturer le chapitre, sans jamais l'oublier, en le prenant définitivement en compte dans la personne que je suis, en respectant mes ressentis, en reconnaissant tout le courage qu'il m'a fallu pour passer et vivre ces différentes étapes de l'abus. J'en suis fière. Je me considère aujourd'hui comme une victime d'un abuseur, d'un mangeur de petite fille, et je n'ai ni besoin d'un juge ni besoin de personne pour me reconnaître en tant que telle. J'encourage toutes les personnes victimes à aller chercher en elles la ressource nécessaire pour affronter cette épreuve, la ressource nécessaire pour enfin prendre en charge leur blessure afin de prendre en charge l'emprisonnement de ces violeurs ou abuseurs. La priorité : c'est toi ! c'est nous ! c'est elles ! Savoir affronter et prendre à charge ses propres blessures, c'est cela la première étape d'une vie meilleure, et heureuse.

Voilà pourquoi je ne me suis jamais laissé le choix : d'abord pour moi, et ensuite pour protéger toutes les autres (en moyenne, en France, 94 000 femmes sont violées, abusées chaque année, seulement 12 pour cent portent plainte).

Tu connais maintenant l'histoire de ce passager qui est resté bien trop longtemps fantôme, mais qui devait réapparaître pour définitivement descendre du train : « J'ai appris que pour soigner mes blessures, je devais avoir le courage de les regarder en face. » C'est maintenant chose faite.

« Le monde ne sera pas détruit par ceux qui font mal, mais par ceux qui les regardent sans rien faire. »

Merci, EINSTEIN…

De la victime au vrai coupable…

Passager principal
Arthur
Mon fils

J'ai longtemps hésité à donner une place à Arthur dans cet ouvrage. Ce petit homme ne m'a jamais causé aucun mal, à part quelques points de suture sur la table d'accouchement, des cicatrices qui s'effacent avec le temps. Au contraire, il m'a éclairé, il m'a fait et me fait fleurir chaque jour. Tu vas donc vite comprendre pourquoi ma principale raison de vivre est à sa place dans ce tourment de vie.

La nouvelle était tellement attendue, l'aboutissement d'une belle histoire d'amour, je me suis emparée de ce test de dix centimètres de long sur lequel j'ai gentiment uriné. Je n'ai même pas pris le temps de remonter complètement mon pantalon, une vraie folle, j'ai couru vers lui, Valentin, pour lui annoncer la nouvelle, nous allions devenir parents. J'avais toujours imaginé organiser une belle annonce, et finalement ma spontanéité prend toujours le dessus. Me voilà enceinte pour la première fois, et dans neuf mois, j'allais pouvoir serrer dans mes bras mon passager spécial, Arthur, mon fils.

J'ai vu mon ventre s'arrondir, de jour en jour, de semaine en semaine, de mois en mois, j'avais vraiment le sentiment d'un épanouissement profond, le sens de mon état de femme prenait vie. Je portais en moi, l'être qui allait donner un nouveau sens à ma vie, mais tout cela je ne le savais pas encore vraiment.

Au départ, je me posais la question du nombre de kilos que j'allais prendre, je me demandais à quoi j'allais ressembler, et surtout comment allait être cet enfant qui poussait dans mon bidon. Je me demandais quel genre de mère j'allais devenir, j'avais peur et peu confiance en moi, mon manque de repère me faisait monter en pression, je ne voulais absolument pas qu'il ait le même parcours que moi. Je voulais lui construire un avenir serein, dans une famille remplie d'amour et respect, lui permettre de vivre des moments simples comme des moments de grandes découvertes, lui ouvrir son regard sur le monde, lui apporter tout ce dont il avait besoin, une chose est sûre il aurait eu au moins l'amour inconditionnel de sa maman.

Entre l'excitation, la projection ou encore plusieurs échographies, nous avions entrepris les travaux de l'étage, pour permettre à ce petit bonhomme d'avoir une belle chambre, les semaines défilaient à une vitesse folle. La première échographie m'a énormément marquée, j'étais enceinte de quelques semaines, je m'habituais tout juste à écarter les jambes sur une table froide face à un gynécologue. C'est vrai, dans la grossesse il n'y a pas que des moments agréables. Aucune femme n'apprécie les différentes consultations où un médecin pénètre ton corps de plusieurs appareils, palpe tes seins, et en plus avec le sourire. Heureusement que c'est pour la plus belle des causes, tu ne crois pas ?

Revenons à cette première échographie. J'étais allongée, face à cet écran noir et blanc, je voyais une bulle dessinée, avec un petit fœtus à l'intérieur. J'ai pris conscience à cet instant de ce qui était en train de passer à l'intérieur de moi, seulement au moment où le médecin avait décidé d'écouter le cœur, impossible de l'entendre. C'est certainement parce que le mien battait trop fort. Un stress s'est emparé de moi, une panique, la peur de le perdre était immédiate. Le fameux médecin aux cinq doigts m'avait rassuré et me disait qu'il était sans doute encore trop tôt, et que lors de la prochaine échographie, nous aurions ce privilège. Nous, car Valentin m'avait systématiquement accompagnée lors de toutes mes consultations. Il prenait déjà pleinement son rôle de père au sérieux et avec cœur. Il me prouvait déjà à cet instant que mon petit bébé allait être choyé par ses deux parents.

En rencontrant Valentin, j'avais trouvé un sens à ma vie, et fonder cette famille me remplissait davantage de sens. Ma place était là auprès de l'homme que j'aimais, et auprès de cet enfant qui grandissait en moi. Les semaines ont défilé, j'ai usé des dizaines de pots d'huile bio oil, il fallait bien anticiper les éventuels craquements de peau, ou vergetures. Prendre soin de moi, c'était aussi prendre soin de lui. J'adorais me masser le ventre dès les premiers mois, c'était une façon pour moi de déjà lui montrer que je ne l'abandonnerai jamais, et que j'étais là, avec lui en pleine conscience. Valentin prenait aussi soin de moi, en allant m'acheter des noix, j'ai toujours aimé ça, mais mon envie de noix s'est décuplée tout au long de la grossesse. J'en ai mangé des kilos, pendant que lui mangeait des kilos de remarques. Oui, ma grossesse c'étaient aussi les montagnes russes des hormones, et crois-moi ce n'est pas si drôle. Tu ressens des choses que tu n'as jamais ressenties de ta vie, tu pleures, tu ris, tout cela d'une manière complètement extrême. En fait, tu vis tout intensément, et dans mon côté hyper sensible, je pense que finalement, vivre comme cela me rendait heureuse, cela me permettait d'être moi-même sans avoir peur du jugement. Après tout, c'était normal, j'étais une femme enceinte !

Pendant la grossesse, nous avons vécu une expérience de folie : l'haptonomie.

C'est une science qui étudie le rôle des contacts dans les relations humaines. Alors le travail était d'entrer en contact avec notre bébé à travers le toucher. Nous avons appris à jouer avec lui à travers mon ventre, en le faisant se déplacer comme nous le souhaitions à l'intérieur, enfin il fallait tout de même qu'il le décide. Je plaçais ma main de gauche à droite sur mon ventre, et il venait se blottir à l'intérieur de celle-ci, seules sa poche d'eau et ma peau nous séparaient. Nous en avons versé des larmes, car lors de ces séances, tu prends vraiment conscience qu'il y a de la vie en toi. Ce que j'ai également apprécié lors de ce travail avec Myriam, notre sage-femme, c'était que Valentin avait toute sa place. Ce n'étaient pas seulement des séances de travail pour celle qui allait devoir pousser comme une dingue neuf mois plus tard. Il avait déjà un rôle à jouer dans la grossesse, dans l'accouchement et dans la création du lien qui allait les unir tous les deux, et c'était tout l'enjeu de l'haptonomie. Créer du lien, du contact entre nous ses parents et notre enfant. Valentin m'avait déjà exprimé le fait qu'il avait peur de ne pas trouver sa place, peur de ne plus remplir son rôle de mari, de père et d'homme. En choisissant l'haptonomie, je savais, ou en tous cas j'espérais qu'il prendrait conscience de toute la place que je voulais lui laisser ou lui donner dans notre famille. Et j'étais fière de lui.

Le fameux médecin aux cinq doigts est de retour, je parle de ses doigts, car je crois que je n'avais jamais vu d'aussi grandes et fortes mains. Tu vois Hulk ? Eh bien, c'est juste qu'elles n'étaient pas de la même couleur.

Nous sommes à la troisième échographie, et nous l'avions attendue, car nous savions que nous allions connaître le sexe de notre bébé. Je suis toujours allongée sur cette table froide, cette fois-ci, je n'ai pas les jambes écartées car mon ventre est suffisamment rond pour réaliser l'échographie en externe. Ouf, j'avais peur d'avoir froid. Nous avions eu le privilège de l'échographie 3D. Nous avons alors découvert qu'il avait bien deux oreilles, deux jambes, deux bras, une belle tête ronde, et de belles mains. Le gynécologue peut annoter des commentaires sur les images. Alors, il avait décidé de nous détailler chaque membre du corps de notre bébé, et à un moment propice, annoter « ZIZI » sur l'écran. Les sourires se sont emparés de nos visages, les larmes aussi ; l'annonce était drôle et aussi surprenante. Nous avions anticipé quelques prénoms et, comme la plupart des futurs parents, les prénoms masculins manquaient à l'appel. Nous étions heureux, et excités à l'idée de découvrir le petit être aux deux morceaux de nous.

J'étais enceinte d'un petit garçon, d'un futur homme, peut-être d'un petit super héros, d'un futur pompier, d'un futur musicien, d'un futur footballeur, d'un futur comptable, ce qui est certain d'un futur être exceptionnel.

Nous sommes le onze mars deux mille dix-huit, il est quatre heures du matin. J'ai fortement envie d'aller aux toilettes. Je me lève, fatiguée, fatiguée de toutes ces nuits d'insomnies, de toutes ces nuits où je prenais un plaisir fou à le sentir bouger, de toutes ces questions présentes dans ma tête, de tous ces travaux à réaliser pour construire son nid d'amour, fatiguée de devoir attendre davantage sa venue. Nous avions tellement hâte de le découvrir, le sentir, le toucher, partager avec lui, transmettre nos valeurs, fonder notre famille, affirmer le sens de notre vie.

C'est l'instant glamour… Je suis sur les w.c., et je pense avoir perdu mon bouchon muqueux, c'est comme du blanc d'œuf, version œuf d'autruche, c'est épais, désagréable, et tellement drôle. Je m'excuse d'avance, si tu lis mon livre pendant ton petit déjeuner. Je file me recoucher, car je sais que ce ne sont pas les eaux que j'ai perdues, alors pour moi cela n'annonçait rien de particulier. Je m'allonge et me blottis contre mon coussin d'allaitement qui me servait d'oreiller géant pour ces vingt-deux kilos d'amour pris. Trente minutes plus tard, des douleurs apparaissent, mon ventre se contracte. Je pense que le travail commence, je n'en suis pas certaine, mais en tout cas mon sixième sens de maman sans doute me dit que c'est le moment. Je suis de manière très studieuse les conseils de ma sage-femme, et je file me faire couler un bain pour me détendre. Je préviens Valentin, en l'embrassant sur le front, et l'invite à se reposer en attendant. Cinq heures, six heures, six heures trente, les contractions se rapprochent. J'allume la télévision, je marche, je fais du ballon, je mange des noix, je pense, je suis excitée et j'ai hâte de vivre cette fameuse journée du onze mars deux mille dix-huit, une journée qui allait marquer un bouleversement complet de mon existence.

J'ai réalisé pendant plusieurs heures les exercices conseillés en haptonomie, Valentin m'a rejoint ensuite, j'ai utilisé le fameux gros ballon souple, dont toutes les femmes enceintes parlent. Nous l'avons toutes au moins essayé une fois pendant ces neuf mois de transformation. Entre deux exercices, j'avais eu le droit à une énorme assiette de pâtes, nous avions à cœur d'appliquer tous les conseils que les différents médecins nous avaient donnés. Les contractions étaient de plus en plus rapprochées, j'avais l'impression d'être avancé dans le travail, difficile de savoir quand il est l'heure de se rendre à la maternité, alors tu suis ton instinct. Comme dans toutes les premières fois de ta vie.

Nous voilà en route vers la maternité, il est sept trente du matin, nous prenons les sacs, les valises, un petit selfie pour immortaliser le moment, et montons en voiture. Il y a toujours dans ce genre d'événement de belles anecdotes à raconter. Nous arrivions après vingt minutes de route devant la maternité, j'ai soufflé de nombreuses fois de douleurs sur le trajet, en m'accrochant au tableau de bord. Et oui, tu vois, ça n'existe pas que dans les films, c'était bien réel pour moi. Au moment, où je dois descendre de la voiture :

Moi : Tu peux me donner le classeur de maternité stp ?
Lui : Le classeur ?
Moi : Ho merde… le classeur !

Gros fous rires entre nous, quand effectivement, nous nous rendions compte que le classeur indiquant tout le suivi de grossesse était resté à la maison. Il fallait absolument que je partage ce moment avec Valentin, je m'en sentais encore capable, nous voilà donc repartis pour un aller-retour à la maison, le cœur chargé de bonheur, de sourire, de joie, d'excitation, de légèreté.

Cette fois-ci, c'est la bonne ! Nous y voilà, nous sommes dans la salle d'osculation, la sage-femme allait nous dire où le travail en était, le fameux « combien de doigts ? ». Remarque, pendant neuf mois, tu commences à être habitué, d'autant plus que les mains de la sage-femme faisaient moins peur que les fameuses paluches de mon gynécologue Hulk. Elle enfile sa paire de gants, me demande de mettre les pieds dans les fameux étriers en fer, froid. Elle enfonce vulgairement son doigt, et là c'était le drame. J'entends un « oups », et je sens du liquide couler entre mes jambes, la marée monte, la fontaine de Trevi, les chutes du Niagara, et toutes les expressions qui peuvent qualifier la perte des eaux. La sage-femme m'avait involontairement craqué la poche des eaux, c'était définitif, mon fils allait naître aujourd'hui. Le travail pouvait réellement commencer.

Les médecins nous conduisent dans une chambre, c'est joli, cosy, mon ventre ne ressemblait plus à un ballon rond. J'avais perdu les eaux, la poche était donc collée sur la peau de mon petit garçon, alors je voyais la forme de son corps à travers ma peau. Une image gravée dans ma mémoire à tout jamais. Nous ne faisions qu'un, un peu plus encore que pendant ces neuf mois écoulés. Différents passages des sages-femmes, des médecins, le temps est long, mais je sais qu'il arrive. La pose de la péridurale, le bruit du monitoring, le bruit de l'horloge, le soutien de Valentin, les sueurs froides, la fatigue, l'excitation, la joie, l'attente…

Vers seize heures, je le sentais arriver. Mon corps poussait seul, il fallait que je pousse, mon garçon voulait sortir ! Il était prêt ! Simplement, les médecins me confirment qu'il n'était pas assez descendu, mal positionné pour que je commence le travail de poussées. Alors, ils m'ont fait faire toutes les positions du yoga, pour laisser ce petit bonhomme se placer correctement. Je sentais que c'était vital pour lui, j'ai donc poussé, une fois, deux fois, je hurlais de douleur. Je pense qu'à cet instant précis, sans que jamais personne ne me le confirme, j'ai réalisé le cauchemar de toutes les femmes enceintes : j'ai gentiment expulsé des matières fécales. Arrête de rire, je te vois. La sage-femme a changé le drap qui était présent sous mon corps, à cet instant j'étais déjà entre deux mondes. Quelques images, quelques souvenirs, mais c'est assez vague. Entre la prise d'homéopathie, la fatigue, les doses ou surdoses de la péridurale, la surventilation à force du souffler-respirer, j'étais complètement gazée. Bon suffisamment conscience pour me souvenir de cet épisode « caca ». Une anecdote a ajouté à la liste.

Il est dix-sept heures, cette fois-ci c'est la bonne ! Notre petit garçon arrive !

Je pousse pendant cinq, dix, quinze, vingt, trente minutes avant que je ne puisse sentir l'expulsion. J'entends « nous voyons sa tête », « voulez voir ses cheveux, monsieur ? », « Il est là », « encore », « encore », « bravo, continuez comme ça », et surtout j'entends Valentin m'encourager, me soutenir, comme dix supporters dans un stade, je ne l'avais jamais senti autant dans le soutien qu'à cet instant précis. Il m'a donné énormément de force et de courage. À certains moments, je n'entendais que lui, il était mon repère, mon point de concentration pour tenir. Je n'ai jamais vécu un moment si riche en dépassement de soi, si intense en émotions, si partagé. Je reprends mes esprits en une fraction de seconde, quand j'aperçois ce petit corps de 52 cm, 3,750 kg, face à moi, il est là, mon petit garçon est né et il s'appelle Arthur. Je suis maman, je tombe immédiatement amoureuse de ses petites mains, ses petits pieds, ses petites joues joufflues, ses yeux, et encore davantage quand le premier cadeau qu'il me fait et de m'uriner dessus. En plus d'être beau, il était déjà drôle, il devait tenir ça de son père. Lorsqu'Arthur m'a regardé pour la première fois, j'ai compris que mon premier souci, désormais, serait de nous faire vivre une belle vie… à tous les deux… à tous les trois. Je profite de chaque moment, en totale admiration, pour mon fils. Bien entendu, entre deux caresses, deux baisers, la tétée de bienvenue, les tests de mobilité, le gynécologue m'a demandé d'expulser le fameux placenta, et m'a gentiment recousu la vulve. Plus rien n'existait à part lui, à part nous, notre famille prenait vie. J'avais vu naître un petit homme, un homme qui allait, sans aucun doute, me permettre de vivre des années toutes plus belles les unes que les autres malgré les épreuves.

Arthur est un passager spécial, car il a fait naître une partie de ma personne, il a fait naître la maman que je suis, il m'a aidé à comprendre la mienne, il m'a appris à aimer inconditionnellement. Il a été ma plus grande force dans chaque instant. Sa place est primordiale dans mon fameux train de vie, et même si à ce jour, physiquement il n'est là en voyage qu'une semaine sur deux, il l'est à tout jamais dans mon cœur, mon esprit, et mon corps. Je suis sa maman, il est mon fils, et il restera à jamais l'homme de ma vie. Celui que je regarde avec un regard positif, beau, tendre, d'amour, de fierté, de joie, de bienveillance, de protection, d'avenir, de croyance, de confiance.

Il m'a appris, à travers ses tests d'enfant, l'estime que je devais avoir pour moi. « Je ne veux plus être avec toi maman », « je veux papa », « je ne t'aime pas » et tant d'autres messages à décoder en tant que parent. Tu connais cela ? Si je ne construisais aucune estime pour moi, si je ne m'efforçais pas de prendre du recul sur ses mots, je pense que je me serai comporté comme une enfant, et cela aurait pu le blesser, et entraver sa construction. Garder le cap, avoir confiance en soi, croire en nous, en moi, lui faire confiance, être fière de la maman que je suis à travers tous les gestes d'amour que j'ai pour lui, toutes les remises en question, toutes les attentions, la bienveillance, et surtout ses yeux qui brillent. Le premier sens de ma vie. La beauté de ce passager est qu'il n'a même pas conscience de l'impact positif qu'il a sur moi, il n'a pas conscience de tout ce qu'il m'a appris, il m'aide chaque jour à devenir meilleure, il me pousse à aller de l'avant et me concentrer sur l'essentiel. Un mot, un geste, un regard, une attention, il m'apprend à savourer l'instant présent pleinement, et allège cette vie d'adulte, qui parfois passe dans des grands huit sensationnels. J'ai une reconnaissance profonde envers mon petit passager qui est déjà un grand homme à mes yeux, et je ne vais pas le remercier par les mots, je vais continuer de l'aimer et lui donner tout l'amour dont peut avoir besoin un enfant. En m'occupant de lui ainsi, je m'occupe, quelque part, de moi-même. Je retiens une chose essentielle, nous partageons un lien inconditionnel, un lien d'amour inégalable. J'ai confiance en nous et rien ne nous détruira. L'amour d'une mère pour son fils n'a pas de mot, il se vit, il se savoure, il se prouve tous les jours un peu plus. Prenons soin et protégeons nos enfants, pour construire un avenir meilleur, remplissons les d'amour, de bienveillance, mettons-les en confiance et parfois dans la frustration pour qu'ils vivent pleinement en étant eux même dans un monde où la survie est de mise, donnons le meilleur de nous-mêmes pour leur permettre d'exister et qu'ils trouvent eux aussi un sens à leur vie.

Arthur, n'oublie jamais que je t'aime, la vie est pleine de moments difficiles mais aussi de très beaux instants. Sers-toi de chaque situation que tu rencontreras pour apprendre. J'ai confiance en toi, et serai présente tout au long de ta route, dans ton train. Je porte ton A, autour du cou, sur la peau, et dans mon cœur à jamais... Ferme les yeux, écoute, personne ne connaîtra la force de mon amour pour toi, car tu es le seul à savoir comment bat mon cœur à l'intérieur... Je t'aime.

Ta maman

Ce n'est pas du Grand corps malade, ou encore du Ben Mazué, c'est simplement un texte d'une mère à son enfant que tu peux lire en écoutant la musique de ton choix. De quoi réchauffer les cœurs, ton cœur, si tu as vécu l'épreuve des semaines **Im'paire**.

Im'paire

Après **neuf** mois dans mes entrailles, tu as ouvert les yeux.

Après **neuf** mois passés au chaud, tu as respiré.

Après **neuf** mois dans ta bulle, tu m'as permis d'y rentrer. Cette bulle, non pas de savon mais d'amour.

D'amour inconditionnel.

J'ai eu cette chance d'avoir porté et d'avoir mis au monde, avec tout son lot de questions et d'inquiétude, puisque le jour où j'ai appris que tu étais à l'intérieur, je voulais déjà être la meilleure pour toi.

3kg750, des cheveux blonds, des yeux bleu vert, de longs doigts de pianiste, des sourires, une connexion réelle, un lien invisible tellement solide.

J'avais imaginé une vie pour toi, une vie dans une famille unie, où règnent l'amour, le respect, la bienveillance et la sécurité.

Seulement, la vie en avait décidé autrement. Tu devais avoir l'amour de tes parents mais dans deux maisons. Deux fois plus d'amour, deux fois plus de jouets, deux lits, deux chats, deux télévisions, deux Noëls, deux anniversaires… c'était la règle des semaines paires et impaires.

Paire, non pas les deux, mais une semaine sans toi.

Impaire, non pas porté mais une semaine auprès de toi.

26 semaines sur 52 pour voir ton sourire, tes chaussettes traînées, tes lego que tu aimes tant, tes emballages de Babybel partout dans la maison.

26 semaines sur 52 pour t'entendre chanter, jouer du piano, de la batterie, te réconforter, se chamailler.

26 semaines sur 52 pour te laver, te changer, t'éduquer, te câliner, t'apprendre à rêver, te transmettre.

26 semaines sur 52 où l'instant présent prend tout son sens, ou cinq minutes avec toi valent de l'or.

J'ai essayé, je me suis battue pendant longtemps, et rien n'est de ta faute.

Tu es un petit garçon pétillant, souriant, communicant, aimant, joyeux, et si tu parlais à ma place tu me dirais : « les couleurs de mes émotions sont le jaune et le vert, jaune pour la joie, vert pour la sérénité ».

J'ai essayé, je me suis battue pendant longtemps, et rien n'est de ta faute.

Je préférais la sérénité à l'angoisse, pour moi, pour toi, pour l'avenir.

Je préférais aussi le vert et le jaune.

J'ai essayé, je me suis battue pendant longtemps, et rien n'est de ta faute.

La sérénité avait un prix, et, crois-moi, me séparer de toi 26 semaines sur 52 n'a pas été un choix facile.

Parfois, le jour de ton anniversaire, je ne t'avais pas avec moi, et j'avais envie de stopper cette règle des semaines paires et impaires.

Quand je te voyais dans la cour de l'école avec ton petit sac sur le dos, en sachant que je ne te retrouverai pas le soir, mon cœur s'arrachait.

Et ce n'est pas de ta faute, je me suis battue pendant longtemps, j'ai essayé.

Il fallait que les voyants repassent au VERT, et c'était la première décision que je devais prendre pour t'inculquer que la sérénité passe avant tout.

Ta sérénité, ton équilibre, ton bien être, la joie dans ta maison, la joie de voir sa maman épanouie et heureuse.

Je sais que ce n'est pas facile pour toi, que s'adapter à une maison, puis à une autre tout cela après seulement 7 dodos est un boulet que tu dois porter.

Mais je veux que tu saches que tu n'es pas responsable de cette situation.

Je veux que tu saches que c'était la meilleure décision pour ta sérénité.

Je veux que tu saches que je ne me suis jamais réjouie de ton absence.

Je veux que tu saches que je t'aime.

Que j'ai toujours et je ferai toujours de mon mieux pour toi.

Tu as trois ans, cela fait déjà deux tiers de ta vie que je ne peux plus porter d'impairs.

Que je ne supporte plus les chiffres pairs, que je déteste les vendredis soir, mais que je ne suis plus dans le noir. Un jour, tu liras ce message, et je veux que tu saches que tu es un petit homme exceptionnel, tourné vers les autres, sensible, aimant, que je t'aime inconditionnellement. Il t'arrive parfois de me poser un pansement sur le cœur pour jouer au docteur, eh bien sache que le premier pansement que j'ai posé pour toi, c'était cette fameuse règle où sonne les chiffres pairs et impairs.

Passager final
Charlotte
Moi

Sans doute pour toi, l'envie de connaître mon avis sur moi-même, de connaître mon ressenti, ma vision, mais enfin, enfin… j'ai compris qu'il fallait que je me respecte. Qu'il fallait que je m'écoute, et après deux ans d'écriture, deux ans de cheminement, deux ans de bilan, deux ans de questions, de réflexion, de mentalisation, de prises de conscience, de larmes, de travail sur soi, il est temps de prendre une pause. J'ai besoin de vivre, de continuer cette belle aventure de la vie, avec tout son lot de victoires, de difficultés, et d'apprentissages. J'ai besoin de prendre en compte tout ce vécu, mais d'en être désormais libre et non plus prisonnière, de lâcher prise, et d'apprendre la résilience. Je me sens en sécurité avec moi-même, beaucoup plus consciente de ce que je suis, de mes forces et aussi de mes démons, et je suis convaincue que dans mon train… je ne serai jamais seule et que je dois en devenir la conductrice. Chaque passager continuera de me faire avancer un peu plus vers l'amour de moi-même, vers l'amour des autres, vers la compréhension du bonheur, car même si je n'en suis pas encore pleinement convaincue à ce jour, eh oui ! le chemin est long, j'ai le droit d'être heureuse. Un jour sans doute, je reviendrai vers toi, quelle que soit la forme, pour crier encore et encore tout ce que j'ai appris de la vie, avec le sourire, avec la fierté pour tout ce que j'aurai réalisé et accompli, avec la fierté de ce que j'étais, je suis et je serai. Il paraît que la gratitude rend heureux, merci d'avoir tenu la lecture, merci d'avoir lu mes mots, mes maux, j'espère sincèrement t'avoir apporté du courage, de l'espoir, de la foi. Toi, passager lecteur, tu m'as donné un peu de toi en motivant mon écriture, prends un peu de moi, je te le donne avec toute mon authenticité, mon entièreté et t'invite à poursuivre cette belle rencontre avec toi-même…

Ma biquette,

Tellement de choses à te dire, choses que tu sais déjà mais les écrits restent et sont précieux. Tu es une femme merveilleuse, forte et puissante. Je remercie le jour de notre rencontre, même si les bases ont débuté sur un à priori plus que faux.

Tu es un modèle pour moi et tu me pousses à avancer et à grandir. Notre relation a connu des hauts et des bas et pourtant notre lien est plus fort aujourd'hui. Ta détermination et ta force de caractère m'impressionnent toujours autant. Tu sais rebondir à chaque épreuve. L'avenir pour toi sera beau et riche. N'en doute jamais. Notre amitié ne peut se résumer, elle se vit tous les jours : Bruxelles, Grèce, moments divers sont fait de fous rires, de partage, larmes et de belles conneries #TUBA !!

Un très heureux anniversaire
ma Cha d'amour !
Une année de plus... Une année
de plus à vivre pleinement notre amitié
à se créer des souvenirs et à
croquer la vie à pleines dents...
car ne l'oublie pas, un jour quelqu'un
m'a dit " La vie est bien faite " !
Je t'aime ma Cha

Cha ♡

Aurore Boulangé

Aujourd'hui,
Je me libére de tout
ce qui ne me correspond plus
et
J'accueille ce qui me fais grandir
en Amour et en Conscience

ALORS,
JE VOUS EN PRIE,
LAISSEZ VOUS DU TEMPS.

PAUL LAWTON.

Le meilleur moyen
de prédire l'avenir
est de le créer.

Abraham Lincoln

Abraham Lincoln
(1809-1865)

À l'aube de mes trente ans, différents événements de ma vie m'ont poussée à t'écrire, m'ont poussée à entrer en conscience. J'ai eu besoin, il était presque vital que je raconte mon histoire. Parce que l'écriture soulage, cicatrice, guérit, telle une douce thérapie, parce que les mots comptent, construisent, détruisent, parce que les mots restent. Découvre mon histoire et toutes les leçons apprises suite à des événements marquants ou parfois traumatiques, prends de l'énergie pour retrouver foi en la vie, foi en toi. Tu pourras découvrir différents passagers du train de ma vie, en devenir un, et me faire entrer dans le tien en faisant confiance à cette autobiographie. Munis-toi, à la lecture, d'écouteurs ou d'un casque, de ton téléphone, car d'autres arts t'attendent pendant la lecture. J'ai décidé de ne pas retravailler ou corriger l'écriture, je te livre l'écriture, la composition, les textes, en l'état, comme je l'ai vécu, de manière vraie, sincère et AUTHENTIQUE, sans logique commerciale. Alors, si tu trouves des mots manquants, des fautes, des maladresses, dis-toi bien que c'est mon cœur qui te parlait, et mon cœur ne connaît pas l'orthographe, il vit, il donne, il aime, il partage, et il apprend à recevoir l'amour en pansant toutes ses cicatrices.

Imprimé en Allemagne
Achevé d'imprimer en septembre 2022
Dépôt légal : septembre 2022

Pour

Le Lys Bleu Éditions
40, rue du Louvre
75001 Paris

www.ingramcontent.com/pod-product-compliance
Lightning Source LLC
La Vergne TN
LVHW010609160826
845677LV00013B/3330
9791037771995